# MÉMOIRE

SUR LE

# ZODIAQUE DE DENDERA

ET SUR

## L'ANNÉE ÉGYPTIENNE :

EXPLICATION

**D'une partie de la mythologie grecque et latine par les allégories astrographiques des Égyptiens.**

PAR A.-C. JUDAS.

« Presque tous les noms des dieux sont venus d'Égypte en Grèce. Il est très-certain qu'ils nous viennent des Barbares : je m'en suis convaincu par mes recherches. Je crois donc que nous les tenons principalement des Égyptiens. »
HÉRODOTE, II, 50 (trad. de Larcher).

« Beaucoup de rites religieux et de fables mythologiques avaient été empruntés par les Grecs à l'Égypte. » (Sir J. G. WILKINSON, *The Egyptians in the time of the Pharaohs*, London, 1857.)

PARIS,
FRIEDRICH KLINCKSIECK,
RUE DE LILLE, 11.

1859

# MÉMOIRE

SUR LE

# ZODIAQUE DE DENDERA

ET

SUR L'ANNÉE ÉGYPTIENNE.

# AVIS.

Au moment du tirage définitif, je m'aperçois que, sur la planche représentant le Zodiaque circulaire, le graveur a omis l'un des cartouches cardinaux, celui du midi : il doit être mentalement rétabli au point diamétralement et symétriquement opposé à celui du cartouche septentrional, dans l'intervalle au-dessous de la jonction du bras gauche de l'un des génies hiéracocéphales agenouillés et le bras droit de la figure féminine qui a un globe au-devant de la face.

---

# MÉMOIRE

SUR LE

# ZODIAQUE DE DENDERA

ET SUR

## L'ANNÉE ÉGYPTIENNE :

EXPLICATION

**D'une partie de la mythologie grecque et latine par les allégories astrographiques des Égyptiens.**

PAR A.-C. JUDAS.

« Presque tous les noms des dieux sont venus d'Égypte en Grèce. Il est très-certain qu'ils nous viennent des Barbares : je m'en suis convaincu par mes recherches. Je crois donc que nous les tenons principalement des Égyptiens. »
HÉRODOTE, II, 50 (trad. de Larcher).

« Beaucoup de rites religieux et de fables mythologiques avaient été empruntés par les Grecs à l'Égypte. » (Sir J. G. WILKINSON, *The Egyptians in the time of the Pharaohs*, London, 1857.)

PARIS,
FRIEDRICH KLINCSIECK,
RUE DE LILLE, 11.

1859

## ERRATA.

Page 8, à la ligne 2 de la note, *au lieu de :* 389, *lisez :* — 389.
— 23, ligne 10, à la fin, *au lieu de :* beau, *lisez :* beau-.
— 36, ligne 2, *au lieu de :* Mékhip, *lisez :* Mékhir.
— 39, ligne 8, *au lieu de :* une idée analogue enfermée, *lisez :* une idée analogue est enfermée.
— 180, ligne 9, *au lieu de :* crepere, *lisez :* crepare.

(1161) SAINT-CLOUD. — IMPRIMERIE DE Mme Ve BELIN.

Imp Toussaint

MÉMOIRE

SUR LE

# ZODIAQUE DE DENDERA

ET

SUR L'ANNÉE ÉGYPTIENNE.

---

## PREMIÈRE PARTIE.

### ZODIAQUE.

Il arrive quelquefois que des auteurs, après avoir vainement cherché la solution de problèmes sur lesquels ils ont épuisé leur sagacité, déclarent ces questions oiseuses, les sujets sans portée, toute nouvelle tentative inévitablement stérile. Si ces écrivains font autorité, leur décision jette le discrédit sur des matières dignes cependant de persévérantes études ; elle détourne l'attention, ou elle frappe d'une suspicion anticipée les recherches que voudraient entreprendre d'autres travailleurs ; elle retarde enfin pour le moins, si elle n'arrête complétement le développement de germes d'où la science, par une culture plus prolongée, aurait pu tirer des fruits utiles. Le zodiaque de Dendera fournit un exemple remarquable de cette fatale influence. Après avoir excité tant de curiosité et d'intérêt, les investigations sur cet important monument sont tombées dans l'abandon, nonobstant les protestations d'un illustre académicien qui a pu dire même de Champollion : « Parti pour l'Egypte sous l'influence du dédain irréfléchi dont ces monuments avaient été frappés en Europe, il n'a pas accordé un seul coup d'œil aux légendes qui accompagnent les tableaux de la chambre au nord du zodiaque dans le temple de Dendera, non plus qu'à celles qui couvrent les parois des trois chambres (1). »

Excité par la lecture du mémoire si remarquable dont je viens de citer un passage et pour en suivre plus fructueusement l'argumentation, sans parti pris d'ailleurs dans la controverse, j'ai appliqué toute mon attention à l'examen de la matière de cette controverse, c'est-à-dire des monuments astrographiques de l'ancienne Egypte sur lesquels elle roule, particulièrement du grand temple de Dendera, consacré à la déesse Athor. Quelque faible que je me sentisse en présence de si grands maîtres, j'ai cru cependant reconnaître la cause de l'incertitude que leurs efforts opposés laissaient peut-être encore dans les esprits ; elle m'a semblé résider dans la circonscription trop restreinte des points discutés, et en effet, en étendant le champ de l'analyse, en y appliquant sur une plus large échelle, autant qu'il m'était permis de le faire, les notions hiéroglyphiques et mythologiques, j'ai été surpris de l'abondance de lumière qui se répandait sur ce sujet ; si mes yeux n'ont pas été abusés, il en résulte, sur beaucoup de points, des éclaircissements qui s'étendent, d'une ma-

(1) Biot, *Mém. de l'acad. des sciences*, tom. XVI, 2e partie. Pour conserver à la phrase détachée la clarté qu'elle a dans le contexte, j'ai ici transporté à la fin ce que le savant auteur et habile écrivain a dit dans la phrase précédente à laquelle se lie le commencement de celle-ci.

nière curieuse, à la mythologie grecque. Je soumets le jugement à l'indulgente appréciation des lecteurs.

La décoration du grand temple de Dendera sera le pivot de mon travail. Afin d'éviter une trop grande extension, je renvoie, pour la partie descriptive, aux nombreux ouvrages déjà publiés sur la matière, notamment au grand ouvrage de la Commission d'Egypte, ainsi qu'aux Lettres et Notices de Champollion, et aux Mémoires de Letronne et de M. Biot.

Le thème offre, sur un canevas astrographique plus ou moins rigoureusement exact, l'histoire figurée de la Genèse du monde, puis de la révolution successive des années avec les changements sans cesse renouvelés des saisons, et le symbolisme des idées physiologiques et théologiques enveloppées sous l'expression de ces phénomènes. D'une manière plus restreinte, il présente la légende d'Isis et d'Osiris, telle qu'elle nous a été transmise par Plutarque (1). On est surpris d'en trouver comme le calque, sous le point de vue astronomique, dans l'Origine des cultes de Dupuis, au chapitre intitulé : « Explication des voyages d'Isis ou de la lune, » chapitre qu'il ne faut pas confondre avec le travail spécial du même auteur sur le zodiaque de Dendera. L'Explication des voyages d'Isis est tout à fait théorique, abstraite et étrangère à un monument réel, exclusivement déduite des données de Plutarque. Elle ne diffère pas, sous ces rapports, de celles des travaux d'Hercule, des courses de Bacchus, etc. Néanmoins, je le répète, elle tombe si juste sur les détails des monu-

(1) Plutarque vivait précisément à l'époque où s'achevait, comme on le verra bientôt, la construction de notre monument.

ments égyptiens, qu'on la croirait, de point en point, une explication de ces monuments ; aussi me servirai-je souvent des expressions de l'ancien académicien.

## ORIENTATION ET POINT DE DÉPART.

Il est évidemment contre toute raison de supposer, comme l'ont fait cependant des personnes très-savantes, que ce grand développement de décoration se résout en détails de pure fantaisie. Dès le principe, on a généralement admis l'intention de rapports quelconques avec les phénomènes célestes, et c'est en effet l'idée principale qui éclate à l'aspect, même superficiel, des tableaux. Dès lors, pour que la réalisation ait une base, il est indispensable, comme l'ont dit Dupuis et surtout M. Biot, qu'il y ait une orientation. Cette orientation existe en effet, et elle existe telle que l'avait présumé le savant professeur du Collége de France. Autour du zodiaque circulaire, sont en évidence par leur isolement quatre groupes hiéroglyphiques que Champollion a reconnus comme donnant les uns l'expression phonétique du midi et du septentrion, les autres l'expression symbolique de l'orient et du couchant.

Maintenant il s'agit d'accorder avec cette donnée les figures comprises dans le médaillon, c'est-à-dire dans le disque central couvert d'images, les unes circulairement et concentriquement dressées à la périphérie, les autres distribuées dans le champ avec une apparente confusion. Au premier aperçu, l'on a facilement reconnu les signes zodiacaux dans une spire à une seule révolution, sinueusement décrite autour du centre et dont les extrémités tombent sur le même rayon, l'une formée en dedans par le Cancer, l'autre en dehors par la tête du Lion. Cette indication est fortifiée par celle du zodiaque rectangulaire coupé en deux bandes rectilignes dont l'une, commençant par le Lion, longe le côté occidental du temple, l'autre, débutant par le Verseau, s'étend le long du côté oriental. Une telle disposition a fait regarder le Lion comme le point de départ. Mais les légendes hiéroglyphiques me paraissent suggérer une autre solution. Des quatre notations des points cardinaux, deux, celles des équinoxes, ne consistent chacune qu'en un symbole; les deux autres, celles des solstices, sont composées d'une série de signes enfermés dans des espèces de cartouche. La légende écrite dans le cartouche du midi donne, je crois, ce sens : « La déesse du midi commençante, » c'est-à-dire : *est commençante, commence* (1). Au-dessous, d'une part, de ce cartouche et séparée par un des huit segments d'une bande circulaire pleine de signes hiéroglyphiques, bande la plus excentrique du tableau; au-devant, d'une autre part, de l'image d'une femme debout concourant avec trois autres images semblables, départies aux autres points cardinaux, à soutenir le médaillon, est une autre lé-

(1) L'hiéroglyphe que je rends par *commence,* lequel vaut phonétiquement *Ha,* signifie le plus souvent *être debout.* Ce sens, d'une manière générale, pourrait sans doute convenir à une figure qui se tient en effet debout : mais pourquoi à celle-ci et non aux trois autres, qui sont dans la même attitude ? Le thème *Ha* veut dire aussi *commence,* et le signe que je viens d'indiquer comme représentant ce son signifie encore parfois *tête, chef, commencement.* Je crois donc que ce sens spécial doit être préféré. Au surplus, à cela près, les autres indices de début seraient suffisants.

gende hiéroglyphique, écrite en trois colonnes parallèles à l'axe de l'image de la femme; elle commence ainsi : « *Incipit dea Australis ferens cœlum*..... » J'ai traduit le passage en latin pour mieux rendre l'ordre et la nature des mots. Entre la dernière colonne de cette légende et le corps de l'image féminine, audevant des genoux de celle-ci, est un petit groupe hiéroglyphique signifiant : « Commencement d'elle. » Au-devant de la bouche de la même image, dans la seconde zone concentrique, celle où se trouvent les quatre indications d'orientation, on voit un cercle qui veut probablement dire : « Bouche, porte, entrée, commencement. » Enfin ce point correspond à la tête, ou mieux à la bouche d'une image du ciel étendue le long de l'axe du plafond, entre le zodiaque circulaire à la partie occidentale de ce plafond, et, au côté opposé, un autre tableau d'égale longueur. Cet ensemble, cette accumulation de circonstances me paraissent très-clairement proclamer que là est un point de départ. Plus nous avancerons, plus nous rencontrerons d'indices confirmatifs de cette opinion, au point de la rendre, si je ne me trompe, indubitable.

### LÉGENDE CIRCULAIRE.

On doit donc de ce point commencer à lire la zone hiéroglyphique, immédiatement après l'image féminine. Le sens m'en paraît être : « Déesse Ciel d'or, » déesse Ciel d'or, Isis, supérieure aux dieux et aux » déesses (*Summa numinum, prima Cœlitum*, Apul.), » maîtresse de Het, dans la région de Pon; déesse Ciel » d'or, sur qui naviguent les grands dieux célestes,

» astres d'Harsiêsi : c'est le dieu des planètes, Ra » Sokar ; c'est Schou, assistant d'Osiris ; c'est Noutpé, » œil divin d'Osiris; c'est Lunus, dieu de la partie retirée » du ciel ; c'est la double déesse résidant dans les » demeures de......, et d'An » (*deorum dearumque » facies uniformis*).

On pourrait être porté à voir dans le tracé matériel une considération à l'appui de la proposition que le commencement est où je l'ai placé. En effet, dans les trois premiers des huit segments dont j'ai parlé, les caractères hiéroglyphiques sont grands, largement espacés : à partir du quatrième segment, ils se serrent, s'étrécissent, se modifient, diminuent de nombre dans les groupes, afin de prendre moins de place. Ainsi, dans le quatrième segment, l'idée Ciel, jusque-là rendue par un groupe phonétique et un déterminatif, se réduit au déterminatif ou signe idéographique. Dans le sixième, et au commencement du suivant, le pronom emphatique et complexe PS, *Lui-elle*, est marqué par un groupe large; à la fin du septième segment, deux autres signes plus étroits y sont substitués, et au commencement du dernier segment les signes sont encore plus condensés. Mais j'assignerai plus tard à ces circonstances une cause intentionnelle.

### ZONE ZODIACALE.

Si ma proposition à l'égard du point de départ est fondée, le signe initial de la série zodiacale est le Verseau placé exactement dans l'axe de la déesse du midi. De là la première moitié de la spire, composée des six premiers signes, se porte vers la région boréale en passant par l'orient et en s'infléchissant vers le centre; elle se termine, comme je l'ai déjà dit, au Cancer, situé au-dessus de la tête du Lion. Au Lion commence la seconde moitié qui marche en sens inverse vers le point de départ auquel elle se réunit pour rétablir la continuité.

La superposition du Cancer au Lion a nécessité le déplacement de l'un de ces signes; il porte sur le Cancer, qui est rapproché du centre du médaillon, hors de la ligne qui formerait la limite intérieure du cercle de l'écliptique selon nos sphères. Le déplacement n'est pas borné à ce signe : on en remarque un dans le même sens au Bélier et à la Balance. Or, comme ces trois signes sont ceux des trois points cardinaux supérieurs, ne peut-on pas conjecturer que le déplacement, le rapprochement vers le sommet du ciel est un indice de cette commune particularité? Le Cancer toutefois se distingue et par une plus grande élévation et par l'entrecroisement avec le commencement du Lion. L'élévation a pour objet de marquer le point culminant de l'ascension du soleil, le solstice d'été, dont le Cancer était nominalement resté le signe (1). En effet, Geminus nous apprend que le soleil étant, au solstice d'été, au point le plus boréal de sa course, on en concluait

(1) Le solstice d'été a cessé de répondre à la constellation du Cancer en 389. Or Champollion, dans sa 7e lettre d'Égypte, s'exprime ainsi sur les époques de la décoration du grand temple de Dendera : « La partie la plus ancienne est la muraille extérieure à l'extrémité du temple, où sont figurés, de proportions colossales, Cléopâtre et son fils Ptolémée-Cæsar. Les bas-reliefs supérieurs sont du temps de l'empereur Auguste, ainsi que les murailles extérieures latérales du naos, à l'exception de quelques petites portions qui sont de l'époque de Néron. Le pronaos est tout entier couvert de légendes impériales de Tibère, de Caius, de Claude, et

que de même le Cancer était le signe qui s'élevait le plus vers le septentrion, et Manilius, de son côté, liv. III, dit : « *Cancer ad æstivæ fulget fastigia zonæ.* » Quant à l'espèce de dégré formée au-dessous du Cancer par la tête du Lion, c'était, si je ne me trompe, un moyen ingénieux de rendre sensible l'idée exprimée aussi par Manilius dans cet autre passage du livre IV, toujours au sujet du Cancer :

Extenditque diem summum, parvoque recessu
Destruit.......

C'est probablement ce *parvus recessus* que l'on a voulu exprimer figurativement. Quoi qu'il en soit, Lucain ne semble-t-il pas avoir eu cette image en vue lorsqu'il a fait dire, dans son x[e] chant, à Cléopâtre sous le règne de laquelle la décoration du temple a commencé :

....... Pars cœli....., ubi mixta Leonis
Sidera sunt Cancro (1).

Comme le Verseau, signe initial de la moitié ascendante de la spire, est placé, ainsi que je l'ai déjà dit, dans l'axe de la déesse du midi, la tête du Lion, début de la moitié descendante, tombe sur l'axe de la déesse du septentrion. Le Capricorne, siége du tropique austral, est sur le colure du solstice tel qu'il est indiqué par M. Biot; il correspond au car-

Néron... Toutes les sculptures de ces appartements sont du plus mauvais style et ne peuvent remonter plus haut que les temps de Trajan ou d'Antonin.»

(1) Ces termes se rapportent peut-être à l'empiètement du Lion comme constellation sur le Cancer en tant que dodécatémorie ou l'une des divisions duodécimales de l'écliptique.

touche de la déesse du midi; là est donc marqué le solstice d'hiver. Le Bélier corrélativement est couché à l'extrémité orientale du colure des équinoxes. Le Cancer, à raison de son déplacement, ne coïncide pas avec l'extrémité correspondante du colure solstitial; mais on a employé deux artifices pour y suppléer : l'un consiste dans l'inclinaison du cartouche de la déesse du septentrion, de manière que l'extrémité inférieure touche au rayon sur lequel le Cancer est placé, l'autre se porte vers le rayon qui passe au milieu de l'intervalle des Gémeaux et du Lion, là où normalement devrait être le Cancer. Le second artifice sera l'objet d'une explication ultérieure. La Balance ne tombe pas non plus, comme elle devrait le faire, sur le colure équinoxial. J'aurai aussi à revenir sur ce point. Je me bornerai en ce moment à faire remarquer les modifications apportées à la représentation du signe de la Vierge et de la Balance comparativement à la sphère grecque et à la nôtre. Cette représentation est divisée en deux parties, en deux images féminines verticalement placées au lieu d'une seule figure transversale : l'une de ces images, correspondant à la gerbe, au sommet des ailes, à la tête de notre Vierge, est debout immédiatement après le Lion, sur l'extrémité recourbée de la queue de ce signe; c'en est presque une dépendance : l'autre image, formée du reste de la Vierge de notre sphère, est la figure féminine qui suit à une certaine distance en tenant un thyrse. La séparation est surtout manifeste au portique du grand temple d'Esné.

Le zodiaque rectangulaire de Dendera est partagé, comme je l'ai déjà dit, en deux bandes cheminant directement l'une du sud au nord, en passant par l'orient, l'autre du septentrion au midi, en longeant l'occident. La première commence au Verseau et finit au Cancer; la seconde débute par le Lion et se termine au Capricorne. Le point de départ doit ici aussi être au commencement de la première de ces bandes, au Verseau; car l'extrémité où se trouve ce signe est du côté de la tête d'une image parallèle de l'hémisphère céleste; sur l'autre rangée, au contraire, le Lion correspond aux pieds de cette image. Le solstice d'été est manifestement exprimé à l'extrémité de la première rangée opposée au Verseau par un globe versant des torrents de lumière perpendiculairement sur la tête de la déesse Athor, éponyme de la ville de Tentyra ou de Dendera. Le Cancer ici aussi est déplacé. On pourrait être porté à y voir l'expression d'une intention commune au zodiaque circulaire et au zodiaque rectangulaire. Mais, à mon avis, il n'en est point ainsi. Sur le zodiaque circulaire, le déplacement ne peut avoir pour cause une vûe propre à ce signe, puisqu'il ne lui est pas exclusif. Sur le zodiaque rectangulaire, l'indication de la place normale du signe est maintenue par l'image solstitiale; l'écart de ce signe me paraît avoir pour objet essentiel de raccorder ce point avec le commencement de l'autre rangée où se trouve, dans une situation correspondante, un autre Cancer (ou scarabée représentant le Cancer). Cette nouvelle précaution est donc un indice supplémentaire de l'ordre des signes.

## DÉCANS.

Revenons au zodiaque circulaire.

Il s'agit maintenant de découvrir la signification des

autres figures. Elles se distinguent au simple aperçu en deux espèces : les unes, plus centrales, sont entremêlées; les autres sont rangées excentriquement le long du contour du médaillon dans une série évidemment continue, et dans une pose similaire selon l'axe des rayons du cercle, la tête vers le centre. Celles-ci offrent donc un ordre qui doit en faciliter l'étude et qui, pour cela, engage à les aborder les premières.

Elles sont au nombre de 36 et ont, indépendamment des données précédentes, deux caractères qui leur sont propres ou du moins presque exclusivement propres ; savoir : 1° un groupe hiéroglyphique déterminé génériquement par une étoile ; 2° un groupe d'étoiles en nombre variable. Il est d'abord vraisemblable que les groupes hiéroglyphiques, toujours placés à la partie supérieure des figures, en sont les noms. En se fondant sur le déchiffrement de plusieurs de ces noms et sur le nombre des figures, Champollion y a reconnu l'indication déjà soupçonnée par Visconti, des décans, génies ou démons correspondant trois par trois à chaque signe zodiacal dans l'astrologie antique. Cette vue, malgré quelques objections, a été depuis généralement admise et complétée (1). Il ne peut plus y avoir de doute

(1) Les noms dont la lecture a été publiée par Champollion sont Knoum = *Knoumis*, Khaknoum = *Khaknoumis*, Odjer (au lieu de Ouar) = *Verasua* (*Ouaris*). Il est probable que ce grand génie en avait discerné davantage. Letronne, en effet, *Observ. sur les représ. zodiac.* p. 52, 1824, lui attribue le déchiffrement des noms de sept décans. Cependant, dans son mémoire de 1846, le célèbre critique ne lui assigne que la lecture de trois noms. Quoi qu'il en soit, Lhôte et Salvolini ont fait connaître la leçon Tpibiou. Les autres notions sont particulièrement dues à M. Lepsius, Kronol. *Einleit.*, et à M. Brugsch, *Zeitsch. der d. m. G.* B. ix, H. 3.

Les décans étaient des génies médiateurs. D'après Celse, dans Origène, liv. viii, « c'étaient des dieux éthérés, lascifs, sanguinaires, avides

sur l'identification. D'après le point de départ précédemment établi, les noms doivent, selon moi, être lus ainsi :

| | | | | | |
|---|---|---|---|---|---|
| I. Vers. | 1 *Siro.* | 1 | VII. Lion. | 1 *Téhé.* | 19 |
| | 2 *Tpikhou.* | 2 | | 2 *(Mous?).* | 20 |
| | 3 *Khou.* | 3 | | 3 *Phouité.* | 21 |
| II. Poiss. | 1 *Tpibiou.* | 4 | VIII. Vierge | 1 *Tôm.* | 22 |
| | 2 *Biou.* | 5 | | 2 *Ouchti.* | 23 |
| | 3 *Phentaher.* | 6 | | 3 *Bek.* | 24 |
| III. Bél. | 1 *Cherker.* | 7 | IX. Bal. | 1 *Aphoso.* | 25 |
| | 2 *Ket.* | 8 | | 2 *Soukhôs.* | 26 |
| | 3 *Siket.* | 9 | | 3 *Tpikhouit.* | 27 |
| IV. Taur. | 1 *Khôou* | 10 | X. Scorp. | 1 *Heroua.* | 28 |
| | 2 *Jor.* | 11 | | 2 *Sopet.* | 29 |
| | 3 *Rhompé.* | 12 | | 3 *(Sechmou).* | 30 |
| V. Gém. | 1 *Thos.* | 13 | XI. Sag. | 1 . . . . ? | 31 |
| | 2 *Olk.* | 14 | | 2 *Knem.* | 32 |
| | 3 *Ouar.* | 15 | | 3 *Tpimé.* | 33 |
| VI. Canc. | 1 *Phouher.* | 16 | XII. Capr. | 1 *Psousat.* | 34 |
| | 2 *Knem.* | 17 | | 2 *Smé.* | 35 |
| | 3 *Kherknem* | 18 | | 3 *Sro.* | 36 |

de parfums et de chants, qui prévoyaient toutes les destinées des mortels et présidaient spécialement aux diverses parties du corps humain (Biot, *Mém. cit.*, p. 3). » Firmicus en a dit, livr. IV, c. 16 : « Magni erant numinis ac potestatis, perque ipsos prospera omnia atque infortunia decernebantur. » Enfin Origène lui-même en a écrit : « Si nous pouvions expliquer la nature des noms efficaces (ceux des décans) dont se servent les sages de l'Egypte..., nous serions en état de prouver que la magie n'est point une chose vaine, comme Epicure et Aristote l'ont cru ; mais qu'elle est fondée sur des raisons, connues, à la vérité, de peu de personnes. » Leurs images paraissent avoir été disposées dans l'antre de Mithra comme sur le zodiaque circulaire de Dendera, car Chrysippe donne cette description de l'antre mithriaque : « Tous les murs sont ornés de diverses images et l'on voit tout autour les figures des dieux qu'ils nomment médiateurs. » M. Biot a signalé un autre rapport entre les reliefs consacrés à Mithra et une scène tracée sur plusieurs tableaux astronomiques des Egyptiens.

Le fond est trop évidemment en rapport avec les listes anciennes, soit dans la forme, soit dans l'ordre des noms, pour laisser place au doute. S'il y a quelques différences, elles sont sans contredit moins marquantes que celles qui existent, non-seulement entre les diverses listes des auteurs, mais même entre les séries des divers monuments.

Héphestion nomme à la première division du Verseau *Tpikhou*, *Tpiau* ou *Tpian*, à la deuxième *Khou* ou *Aeu*, etc. Je m'occuperai plus tard des variantes orthographiques ; en ce moment je ne m'arrête qu'au rang. Firmicus, dont plusieurs dénominations sont gravement altérées, paraît mettre à ces places *Sro* et *Sisro* ou *Siro*. Ma détermination est intermédiaire. Le zodiaque circulaire et le planisphère rectangulaire permettent peut-être de balancer. Sur celui-ci, à la bande orientale, qui a 18 décans et commence, pour les figures de signes, au Verseau, le dernier nom est *Ouar* : ce ne peut être que le dernier décan des Gémeaux ou le premier du Cancer. Dans le premier cas les trois décans du Cancer sont rejetés en tête de la bande occidentale; les trois premiers de la bande orientale, précédant le signe du Verseau, sont corrélativement ceux du Capricorne, et le Verseau commence par *Siro*, comme je l'indique. Dans la deuxième hypothèse, il n'y a, de part et d'autre, que deux décans rejetés, et le premier du Verseau est *Sro*, ainsi que Firmicus semble l'énoncer. L'astronomie seule peut, je crois, résoudre positivement la question ; peut-être les explications dans lesquelles je vais entrer fourniront-elles d'utiles éléments pour cette solution ; mais l'œuvre définitive irait au delà de mes forces et de mon projet.

La principale discordance de ma nomenclature avec les listes des auteurs anciens consiste dans l'absence de *Sôthis* et de *Sit* que ces listes mentionnent à la première et à la seconde division du Cancer. M. Lepsius a présenté pour équivalent idéographique de *Sôthis* la vache couchée dans une barque, avec une étoile au-dessus de la tête, dans un espace intermédiaire à la bande zodiacale et à la rangée des décans sur le zodiaque circulaire, entre les Gémeaux et le Lion ; pour *Sit*, la figure de femme armée d'un arc qui suit immédiatement la précédente dans une situation pareillement intermédiaire, l'une et l'autre privée en outre de formule onomastique. Mais alors il y aurait 38 figures au lieu de 36. A la vérité, Celse dit que l'on comptait quelquefois plus de 36 décans. Mais je conjecture que cette assertion s'applique aux noms, nullement aux personnages. En effet, les monuments prouvent qu'il y avait réellement plus de 36 noms ; mais jamais, je crois, on ne trouve plus de 36 personnages : tels noms exclusifs à certaines listes en faisaient supprimer autant d'une autre liste, ou l'on réunissait deux noms pour un seul personnage. Au surplus, M. Lepsius n'entend pas s'appuyer sur l'allégation de Celse, car, en fait, sur son tableau il ne dépasse pas le nombre 36. Aussi, en ce qui concerne le zodiaque de Dendera, il ne reproduit pas *Sit*, et, pour compenser l'introduction de la figure de la vache, il omet un décan qui se trouve réellement dans la rangée normale, celui que je mentionne à la troisième division de la Balance, et qui sur le zodiaque circulaire est représenté par une figure que je regarde comme un autel surmonté d'une tête de crocodile avec un disque et des cornes de bélier. Cette image, à la vérité, n'a ni nom, ni étoiles, et elle paraît n'en avoir été jamais pourvue. Mais sa réunion à la figure précédente pour ne constituer qu'un décan serait assurément insolite. D'un autre côté, sur le planisphère rectangulaire, la figure correspondante qui, pour différer de forme, ne m'en semble pas moins un autel aussi, a un nom dans l'encadrement hiéroglyphique qui s'y rattache ; par extraordinaire même, une partie de ce nom, *Api* ou *Tpi*, paraît répétée au-dessus de la figure, de manière à faire avec cette figure considérée phonétiquement Tpi-khouit, *sommet de l'autel*, nom effectivement du décan corrélatif dans la liste d'Héphestion. Le décan doit donc certainement compter : l'absence de nom avait probablement un motif que j'expliquerai plus tard.

En comparant la position des images des décans à celle des signes zodiacaux auxquels elles se rattachent, on est frappé de la remarque que pour plusieurs la correspondance est exacte, mais que pour quelques autres il y a des distances plus ou moins marquées. Le fait est d'autant plus surprenant qu'entre la déesse du septentrion, par exemple, et celle du couchant, l'un des endroits où surtout il se manifeste, les figures laissent entre elles des espaces vides, très-larges, qui permettaient de maintenir la corrélation : une intention réfléchie a donc présidé à cette apparente anomalie. Selon Firmicus, la zone des décans présentait des places pleines et des places vides ; les premières réellement occupées par quelques-uns de ces décans, les autres non, de manière que les génies laissaient libre une partie de leurs domaines. On pourrait, au premier abord, penser que c'est ce que les lacunes indiquent. Mais Firmicus mentionne des vides à chaque décanie, tandis qu'ici ils ne s'étendent qu'au-dessous d'une partie du Lion, au-dessous de la Vierge et de la Balance; en d'autres termes, dans l'intervalle compris entre le solstice d'été et l'équinoxe d'automne. Je crois que cette particularité avait un motif théologique que je vais brièvement exposer : On sait que les anciens plaçaient à chaque tropique une porte, au tropique d'été celle des hommes ou de la mort, c'est-à-dire celle du passage des âmes, soit de l'éther, par l'échelle des planètes, sur la terre, dans les corps des hommes, ce qui était pour elles une première mort ; soit de la terre et des corps des hommes dans l'enfer ou la région du Styx ; au tropique d'hiver la porte des immortels ou de la vie (1), de la renaissance, c'est à savoir de l'entrée ou du retour à la lumière après une purification dans l'enfer. La première porte était au Cancer, *per Cancrum in inferiora descensus est*, dit Macrobe, *Somn. Scip.* I, 12. Or il y avait immédiatement après cette issue, au commencement de la région souterraine, selon Platon, une plaine vaste et déserte, *Atria Ditis*, dit Virgile : c'est, je pense, ce que figure l'espacement à larges vides des décans d'une partie du Lion, de la Vierge et du commencement de la Balance. Ce qui me confirme dans cette opinion, c'est que, dans la doctrine égyptienne, cette partie de l'enfer ou de l'amenthi était sous la présidence de la déesse *Ma* : cette déesse avait une personnalité double pour représenter la Vérité et la Justice, et l'on matérialisait ce mystère en mentionnant deux déesses *Ma*; or, ce sont ces deux

(1) De là l'emploi du symbole de la vie divine, croix ansée ou nœud cruciforme, pour noter le Capricorne dans les tablettes démotiques sur des situations des planètes publiées et interprétées par M. Brugsch.

déesses que l'on a voulu, je crois, désigner par le doublement de la Vierge dont j'ai parlé ci-dessus.

Un point est resté, jusqu'à présent, peu approfondi à l'égard des décans, c'est la signification de leurs figures et de leurs noms. L'explication ne peut encore, je pense, être donnée pour tous ; mais elle est possible pour la plupart. Toutefois, pour quelques-uns, elle est liée à la signification générale du monument et elle doit, par conséquent, être ajournée jusqu'à plus ample éclaircissement de cette signification ; pour d'autres, elle peut dès à présent être déduite, d'une part des notions acquises en archéologie et en philologie égyptiennes, d'une autre part des circonstances du tableau : je vais donc l'essayer dans ces limites.

1°. Sro ou Sisro se rattache essentiellement au nom du dernier décan du Capricorne, *Sro*, dont il n'est qu'une modification : je dois donc en différer l'examen jusqu'à ce que je sois arrivé à la fin de la liste.

2°, 3°. J'ai précédemment indiqué les variantes de la transcription des noms des deux derniers décans du Verseau. Je fais abstraction de la partie accessoire du nom du premier de ces génies, *Api*, qui signifie au propre *tête*, et au figuré, ce qui est le cas sur notre monument, *commencement*. La partie essentielle n'est exprimée que par un signe symbolique, le disque du soleil versant de haut en bas des rayons de lumière. Ce signe était polyonyme ; de là, sans doute, les variantes de transcription dont chacune peut se rapporter à un mot égyptien en harmonie avec l'image, de même que nous pourrions dire en français : *Lumière, éclat, splendeur*. J'ai adopté la leçon des maîtres, Khou, justifiée par une variante hiéroglyphique sur d'autres monuments. Cette leçon s'adapte d'une manière curieuse à la circonstance représentée par le monument. C'est le Khaos des Grecs et des Latins, c'est-à-dire, à la lettre, le *Commencement,* ainsi qu'on le voit par le verbe latin Inchoo, *je commence,* et, par extension, la première apparition de la lumière après les ténèbres primordiales, idée qui non-seulement se rattachait à la naissance du monde, mais qui se reproduisait pour chaque renouvellement d'année. Le correspondant copte est Scha, *initium, principium.*

La leçon *An* ou *Ian* se concilie avec cette idée aussi bien qu'avec l'une des valeurs phonétiques du signe hiéroglyphique. En effet, sous le premier rapport, le Chaos était Janus, *Ian-us,* en grec *Ian-os* : « *Me Chaos Antiqui* (*nam sum res prisca*) *vocabant,* » dit ce dieu lui-même au v. 103, L. I des *Fastes* d'Ovide. Sous le second rapport, la racine *Ian, Jan* est égyptienne et elle se lie parfaitement, dans les nuances de son étymologie, aux circonstances cosmiques, aux données mythologiques, ainsi qu'à l'emblème onomastique. Chez les Egyptiens effectivement, en premier lieu, le thème hiéroglyphique An signifie *revenir, se retourner,* Annou, *apparaître, regarder en arrière,* Ounnou, *jeune* : ces nuances conviennent et à l'idée du retour, du rajeunissement du soleil au commencement de l'année, et à l'image de Janus à deux visages dirigés l'un en avant, l'autre en arrière : sur plusieurs monuments égyptiens le personnage, portant effectivement le nom *An,* n'a qu'un visage, mais il regarde en arrière, en sens inverse de sa marche. C'est bien, d'une manière ou d'une autre, *Ianos, Janus.* Le rapport est confirmé par le sens de Oun, *ouvrir*, en copte Aouan, aouôn, ouon, ouôn (*janua, janitor*). En second lieu, la même racine Oun signifie *lumière*, *briller*, Ouben ou Oouen, en copte ouain, ouoini, ouoein, oueine, *Lumière*, *splendeur*, *éclat*, *gloire*, *briller*, *resplendir*, *éclairer*, *être illuminé*, et ces mots sont déterminés, sur un assez grand nombre de monuments, par le globe versant des rayons lumineux.

Les groupes d'étoiles en nombre variable qui accompagnent les images de décans a fait penser que ces décans représentent des constellations. Toutefois les applications qu'on a proposées me paraissent n'avoir réussi que pour une constellation, celle des Pléiades : je crois qu'elles peuvent être beaucoup plus nombreuses. Ainsi d'abord pour ce qui concerne les décans dont je viens de m'occuper en particulier, je ferai observer que, dans l'ouvrage de M. de Bunsen, *Ægypt's place*, etc., T. I, p. 545, nº 87, M. Birch donne à l'image d'un *poisson* les valeurs phonétiques *Khaoua* et *an*; ce sont précisément des variantes homophones à celles que j'ai indiquées pour le signe onomastique de la partie essentielle des noms de ces décans. D'un autre côté, à la p. 519, nº 330, l'éminent égyptologue assigne à la même image l'expression idéographique *Apporter*, *amener*, *entrer*, termes qui, le dernier surtout, se rapportent à l'un des sens de la racine *An*, etc. Je pense donc que l'un des deux décans représente le Poisson du Verseau, le Poisson austral ou solitaire. Malheureusement on ne peut assez compter sur l'exactitude de la reproduction du nombre des étoiles pour chercher un appui sur cette donnée.

(1) Germ. Cæsar, au mot *Aquarius*.

Aristée, qui était regardé comme l'Homme du Verseau et dont le nom, signifiant *Très-bon*, peut être la traduction de l'une des acceptions de *Khou*, tirée de l'idée *Lumière*, savoir : *Esprit pur, excellent*, Aristée, dis-je, est présenté par le scholiaste d'Apollonius comme ayant régné à *Kéôs*=Khou, et avait eu pour frère *Aptukhus*, qui possédait, selon Ptolémée, un temple dans la partie de la Libye voisine de l'extrémité septentrionale de l'Egypte, ce qui me semble répondre rigoureusement au décan Aptikhou ou Ptikhou, prédécesseur immédiat et frère, en quelque sorte, de Khou.

Je reviendrai sur ce sujet, qui se prête à d'autres rapprochements.

4°, 5°. Les noms Tpibiou et Biou sont formés comme *Tpikhou* et *Khou*, c'est-à-dire que le premier a une partie accessoire, semblable à celle de *Tpikhou*, et une partie essentielle qui constitue exclusivement le second nom, *Biou*. Cette partie veut dire *Esprits* : elle est exprimée aussi idéographiquement, savoir, par trois oiseaux, dont le nombre indique le pluriel. Cette idée *Esprit* est rendue sur d'autres monuments par un *Bélier* ; aussi Lhôte a-t-il fait observer, comme je l'ai dit, que la figure de l'un de ces décans répond au titre en ce qu'elle est composée de quatre têtes de bélier. L'acception *Esprit* est une extension métaphysique; physiquement le sens est *Vent*. Ce point correspondait, en effet, au temps de l'année où commençaient à souffler les vents précisément désignés en grec par les noms *Proornithiai* et *Ornithiai*, qu'il serait difficile de ne pas rapprocher des emblèmes onomastiques des deux décans dont il s'agit, savoir, comme je l'ai dit, deux groupes d'oiseaux. En outre, le premier de ces décans tient un objet qui est représenté, tenu de même, en plusieurs autres points de la décoration du temple ; en un de ces points (*Descr. de l'Eg.*, Antiq., pl. 14, n° 3), des oiseaux s'échappent de la partie supérieure de cet objet : c'est donc une cage d'où l'on a lâché des oiseaux.

Comme les deux précédents décans se rattachaient au signe du Verseau par le Poisson solitaire, ceux-ci se relient au signe spécial des Poissons par cette circonstance que l'un de ces poissons était appelé *Hirondelle* et avait une tête semblable à celle de l'oiseau de ce nom.

On trouve dans la mythologie plusieurs allusions à la situation de ces oiseaux et à leur émission. Ces fables se rattachaient soit à l'idée de commencement du monde et à celle de retour périodique de catastrophes et de rénovations analogues que l'on attachait, ainsi que je l'ai dit, à cette région, soit au retour annuel du soleil et de sa bienfaisante influence dans les signes ascendants qui avaient ici leur point de départ. Sous ces divers rapports, par exemple, Vénus, dont la planète avait aux Poissons son lieu d'exaltation, est souvent citée : or, on sait qu'elle avait pour principal emblème des colombes.

6°. Phentaher veut dire : *Qui est dans le haut, qui appartient au haut :* c'est la juste qualification du décan placé au milieu de la moitié ascendante du zodiaque à partir du solstice d'hiver ; c'est le point où l'on marquait Initium Veris, *le commencement du printemps*.

7°. Cependant, chose bien remarquable, et que l'on regardera peut-être, de ma part, comme un téméraire paradoxe, les Égyptiens même s'y sont trompés dès une très-haute antiquité. De là vient qu'à Edfou, au lieu de Cherker, on trouve pour le décan suivant, Phent-Kher, ce qui a eu évidemment pour but de rattacher ce génie au précédent en donnant aux noms, pour partie commune et, par conséquent, essentielle, *Phent*, et en considérant *Her* du premier comme un accessoire, l'adverbe signifiant *au commencement*, auquel, dans le second nom, on oppose Ker ou Kro, *fin* : Phent *au commencement* ou *commencement de* Phent, et Phent *à la fin* ou *fin de* Phent. Sur des monuments beaucoup plus anciens, on était allé jusqu'à mettre : Phent *au commencement*, Phent *au milieu*, Phent *à la fin*. Ces leçons, que j'estime fautives, je le répète, ont été amenées par une confusion de sons. A mon avis, Cherker, qui pouvait se lire Chelker, Cherkhel ou Chelkhel, répond au copte Khelchêri, Khelchiri, Herchire, Herchêli, signifiant *jeune enfant, jeune adolescent*, et l'on saisit immédiatement le rapport, d'une part, avec l'image du décan, un jeune enfant ayant le doigt à la bouche et accroupi sur une fleur de lotus; d'une autre part avec la circonstance saisonnière, l'équinoxe vernal, et l'emblème sous lequel on représentait souvent en effet cette circonstance, la figure d'un jeune adolescent. En avançant, tout nous prouvera de plus en plus que ce qui concerne les décans, sur le zodiaque de Dendera, est ce que l'on peut trouver de plus exact à ce sujet : je pense donc que cela s'applique au nom du génie dont il s'agit. Avec les leçons des autres monuments et des listes des auteurs, on ne découvre aucun sens à ces expressions *Phentaher*, *Phentakher*, etc., et, en outre, on n'en comprend pas la répétition en plusieurs autres endroits : le désordre, ce me semble, est manifeste. Ce désordre peut, en partie, s'expliquer par le mystère dont les noms souverainement puissants et efficaces des décans ont été longtemps enveloppés par les nombres les plus élevés de l'initiation : « C'était là, dit en effet Firmicus, l. IV, c. 16, cette doctrine secrète et auguste dont les anciens, inspirés par la divinité, ne confiaient les principes aux initiés à cette science qu'avec réserve et qu'avec une espèce de crainte, ayant soin de l'envelopper d'un voile obscur, pour qu'elle ne parvînt pas à la connaissance des profanes (1). » Et plus loin : « Les anciens ont laissé cette science enveloppée de diverses obscurités, afin que son immuable vérité ne parvînt pas à la connaissance de tous. » Au contraire, vers l'époque où s'achevèrent les décorations du grand temple de Dendera, l'on avait pénétré en grande partie les secrets de l'astrologie; les empereurs romains y attachaient une superstitieuse et grande importance : il n'est donc pas étonnant que le tableau gravé sous leurs auspices présente toute la régularité et l'exactitude possibles. Firmicus, qui vivait sous Constantin, a donné, pour notre septième décan, un nom qui se rapproche beaucoup de ma leçon, et me paraît justifier tout ce que je viens de dire; ce nom est *Senakher* : il n'était point rare que le L se changeât en N ; ainsi, de *Selkher, Selakher*, on a pu très-naturellement faire *Senakher*, et cette prononciation explique mieux encore la déviation en *Phentakher*. On doit remarquer, dans la formation graphique du nom, l'emploi d'un ingénieux artifice usité dans l'écriture hiéroglyphique; en effet, le premier signe est une couronne qui, valant phonétiquement *Scha*, signifiait, lorsqu'elle était isolée, tantôt,

(1) Traduction de Dupuis.

au propre, *couronne*, tantôt, au figuré, comme ici, *naître, se lever*, particulièrement, en parlant du soleil, *resplendir :* c'est le lever du soleil printanier, la prise de possession de l'empire lumineux, le temps de fête, car *Scha* a aussi ce sens, l'époque des *Hilaries*. L'image du décan n'est pas moins expressive; en effet, elle montre l'efflorescence, en quelque sorte, d'Horus; or *Pire*, qui signifiait en latin *efflorescere*, et *oriri*, était le nom même de la saison.

8°, 9°. Ket et Siket rappellent à la pensée *Kétos*, le monstre marin ou la Baleine, que la sphère grecque et la nôtre dessinent en ce point; j'examinerai ce sujet ultérieurement. Pour le moment, je me borne à faire observer que ces deux génies ont, pour signe hiéroglyphique de la partie essentielle de leur nom, un *glaive;* c'est l'emblème du dieu qui avait l'un de ses domiciles au signe zodiacal correspondant, *Mars*, de même que c'est l'arme de Mithra, dieu pareillement de l'équinoxe vernal chez les Perses.

10°. M. Biot a assigné la détermination des *Pléiades* à la figure, accompagnée de sept étoiles, que je mets au premier rang du Taureau, et qui a pour nom Khôou. L'assimilation me paraîtrait indubitable, même indépendamment des considérations astronomiques exposées par l'éminent académicien, et qu'il ne m'appartient point de juger. Le nom, signifiant *beaucoup*, répond pour le sens, ainsi que M. Lepsius l'a fait observer, à l'une des multiples interprétations du nom grec. L'astérisme, *glomerabile sidus*, selon Manilius, est chez nous appelé *Poussinière*, parce que les étoiles en sont rassemblées comme une troupe de poussins; sur le zodiaque, elles sont placées dans le giron d'une déesse mère accroupie et étendant ses bras autour du groupe, allusion frappante à la même idée.

11°. Ior est le *Fleuve*, pour les Grecs l'Éridan, pour les Égyptiens, et, par conséquent, ici le Nil. La signification est caractérisée par l'Hippopotame, qui, sous un groupe de quatorze étoiles, représente le Décan, comme cet animal symbolise le Nil dans une représentation de joute (Wilk, *The Egypt. in the time of the Pharaohs*) et sur quelques médailles d'or d'Hadrien (1). Dans la mythologie grecque, c'est encore Hyrie, patrie d'Orion, et Hyriée, père de ce géant.

Les listes de levers de constellations aux tombeaux des pharaons Ramsès VI et IX, à Thèbes, portent *Ari* et *Sari*, ou *Ior* et *Sior*, en corrélation réciproque. Champollion rendait le premier nom par Fleuve. M. Lepsius, adoptant l'assimilation aux *Hyadès*, voit dans les deux noms une allusion au groupe de l'astérisme qui comprend Aldébaran. Les deux termes me paraissent se rapporter beaucoup mieux au *Fleuve*. Quand le premier, Ior (copte, Ior, Iaro, Iero, *Fossa, rivus, canalis, fluvius, Nilus*), est seul, comme à Dendera, il signifie la constellation entière; associé, comme dans les listes précitées, à Sior, ou Sari (Sa, *pars*, Ior, Iaro, *fluvius*, ou Si, *abundantia*, etc., *abundantia fluvii*, la partie du fleuve qui surabonde, par où arrive l'inondation), il prend l'acception restreinte de *canal*, *fleuve canalisé*, par allusion à la partie égyptienne ou inférieure du Nil; c'est, par conséquent, la seconde

(1) Sur l'obélisque sallustien, au bas de la face septentrionale, on voit un hippopotame au milieu d'un ovale décrit par sept étoiles ; à l'une des extrémités de l'ovale est un petit serpent : il me paraît indiquer qu'il s'agit d'astres. En effet, les sept étoiles doivent être les Pléiades et l'hippopotame le Nil ou la constellation du Fleuve.

partie de la constellation, tandis que Sior, répondant à *Siris* (1), la partie éthiopienne ou haute du Nil, représente la première partie de cette constellation.

12°, 13°, 14°. Au premier de ces numéros se présente un décan dont le nom semble, au premier abord, un des plus difficiles à expliquer, et qui est, en réalité, l'un des plus intéressants.

Le groupe onomastique contient, sur le zodiaque de Dendera, deux signes hiéroglyphiques, une patte d'oiseau et une image de la voûte céleste. Le premier de ces signes, rarement employé, a la valeur R-L dans les noms propres de basse époque Philous et Aurélius. Le second vaut tantôt P, quand il est pris au propre pour le ciel, ou le lieu le plus élevé, tantôt Her, quand il est pris au figuré pour *élévation, haut, supérieur*. Au tombeau de Séti Ier existe une variante où cette seconde partie du nom se lit évidemment *Hour;* le nom entier *Ro n Hour :* cette prononciation se rapproche beaucoup de *Reinaor,* donné par Celse comme un nom de décan. Mais la leçon d'Héphestion *Rhombomaré* ou *Rhompémaré* semble revendiquer, pour le second signe hiéroglyphique, la valeur *pé;* cette déduction est rendue beaucoup plus vraisemblable encore par la transcription simple de Firmicus, *Harphas :* cette dernière laisse de côté *maré*, comme sur le zodiaque de Dendera. Il me paraît qu'ici, comme pour les deuxième et troisième décans du Verseau, les deux lectures du signe ont eu cours; Celse a conservé la première, celle

(1) Σῖρις ὑπ' Αἰθίοπων κικλήσκεται

Dionys. *Perieg.* v. 213.

*Hic, quà secretis incidit flexibus agros,*
*Æthiopum in linguâ Syris ruit...* Avienus.

du tombeau de Séti ; Firmicus la seconde, celle de notre monument ; Héphestion une confusion des deux. Il existait, pour cette région, un nom de constellation, *Orphos, Orphas* ou *Orphus*, que l'on attribue à la Baleine ; en faisant provisoirement abstraction de l'assimilation expresse, je crois que notre décan répond à ce nom.

Les deux variantes onomastiques peuvent s'appliquer, sous des points de vue différents, à la région dont il s'agit.

Un des sens que l'on peut donner à *Rhompé* est *Ouverture, porte, commencement du ciel*, ou *de la partie la plus élevée du ciel*. C'est dans ce dernier sens, dans l'acception restrictive qu'il faut entendre le signe ; il est question du sommet du ciel, qui s'étendait jusqu'au premier décan de la Vierge nommé corrélativement *clôture*, Tôm : en d'autres termes, c'est l'*Olympe*, séjour de Jupiter ainsi défini par Apulée, *De mundo, sub fine* : «*Hujus* (Dei) *locum quærimus, qui neque finitimus est terræ contagionibus, neque tamen medius in aere turbido, verum in mundano fastigio ; quem Græci* Οὐρανὸν *rectè vocant, ut qui sit altitudinis finis. Et iidem, ea ratione,* Ὄλυμπον *nominant, quem ab omni fuscitate et perturbatione vident liberum.* » Ce dernier membre de phrase est une allusion admise par plusieurs auteurs anciens, ὅλος λάμπων, *tout brillant* : mais, en ajoutant au rapport de topographie céleste cette considération que la permutation du R en L et réciproquement, d'un dialecte à l'autre, dans l'ancienne langue égyptienne, était, en quelque sorte, de règle, je n'hésite pas à regarder comme la véritable origine le nom égyptien du décan (1). Le mont Olympe, disait-on, jetait des flammes depuis le lever du soleil jusqu'à la cinquième heure du jour. Les flammes indiquent l'été, auquel correspond en effet l'espace précédemment énoncé dans la zone du décan. Quant au nombre d'heures, il n'est pas moins caractéristique. Sa singularité même me semble indiquer qu'il renfermait un sens caché : ces nombres, en apparence bizarres, que nous a transmis la mythologie n'étaient pas un jeu fantastique; ils avaient une raison mystérieuse que nous devons chercher : j'en rapporterai plus loin un autre exemple qui a trait aussi à la question actuelle. Ici les cinq heures me paraissent les cinq décans placés entre *Phouher* celui du solstice d'été, et *Tôm*, que j'ai dit *fermer* l'espace et la période dont il s'agit.

La variante *Rho n hour* peut avoir la même signification.

Mais en même temps, l'une et l'autre variantes s'appliquent chacune à un personnage qui représente mythologiquement la situation astronomique.

L'un, se rapportant à la variante *Rho n hour*, est *Orion* auquel correspond le mot *Hour* ; la locution entière signifie *Face* ou *tête d'Orion*. En effet l'étendue de la constellation en a entraîné la division. Le décan qui suit immédiatement (13°) est la *ceinture* ou *baudrier*; celui qui vient après (14°) est *la fin* de l'astérisme. *Thos* en effet peut à la fois se rapporter et à Djos, *milieu*, et à Tois, *ceinture*, *ceinturon*, *baudrier*. Le signe initial du groupe onomastique, qui a par

(1) Ὅλς; a un esprit rude qui ne se retrouve par sur l'omicron initial d'Olympos; en outre, la coalescence des deux mots aurait dû peut-être imposer une quantité longue à cette voyelle, tandis qu'elle est brève.

lui-même la valeur TS, est précisément l'image d'une ceinture, et la ceinture d'Orion était réellement représentée comme une constellation spéciale, car c'est elle qui est figurée au n° 607 des idéographiques de M. Birch, *Ægypt's place*, où l'on voit les trois étoiles qui la constituent liées à une ceinture. Quant à *Olk*, c'est, ainsi que M. Lepsius l'a fait observer, l'équivalent du copte ARDJ, *fin, extrémité*. Toutefois l'illustre égyptologue, qu'il me pardonne cette remarque, me paraît, du moins pour le zodiaque de Dendera, s'être laissé entraîner par l'autorité de la liste d'Héphestion qui réunit *Tosolk* dans le nom d'un seul décan, et par l'exemple d'autres monuments, en assimilant le second signe hiéroglyphique de *Thos* au n° 126 des déterminatifs de M. Birch, signe qui, par une curieuse coïncidence, a en effet une grande ressemblance et vaut précisément ARK, ALK, *fin*. L'examen du monument de Dendera m'a convaincu que le signe en question n'est pas celui qu'on a indiqué sur la planche de l'*Einleitung* ; c'est le 154 de Salvolini, valant s et image lui-même d'une ceinture, en sorte qu'on ne lit que *Thos*. Sans cela, en outre, quel pourrait être le décan suivant ? Le groupe onomastique de celui-ci est composé de la patte d'oiseau dont nous avons parlé ci-dessus et donnant le son R ou L, et d'une figure qu'ont déjà présentée d'autres noms valant K, soit pour le tout LK dont il est facile de tirer ALK ou OLK.

Pour ne plus revenir sur ce dernier décan, je ferai observer qu'au point de vue mythologique il est la racine de noms qui reviennent souvent dans les légendes et dont les personnages, par leur histoire, s'encadrent dans les allégories propres à la situation astronomique ; je citerai, par exemple, *Alcéus*, fils de Persée et d'Andromède, constellations voisines, et aïeul d'Hercule ou Alcide; c'est aussi *Alcœus*, Hercule lui-même selon Diodore de Sicile I, 24, ou encore *Alcathous* qui a tué le Lion de Cithœron, comme Alcide le Lion de Némée, quelquefois appelé aussi Lion de Cithœron.

Un autre personnage, qui se rapporte à la leçon onomastique *Rhompé* ou *Rhomphé*, chez Firmicus *Aharph*, est *Orphée*, que quelques auteurs disaient avoir été un magicien égyptien et qui chantait en s'accompagnant de sa lyre divine, sur le mont Olympe, lorsque les Bacchantes vinrent l'attaquer; après l'avoir mis en pièces, elles dispersèrent ses membres dans les champs, afin qu'ils fussent dévorés par les chiens, c'est-à-dire les symboles des deux constellations voisines qui portaient ce nom, et sa tête fut jetée dans l'Hèbre, ce qui veut dire la constellation du Fleuve dont le décan précède immédiatement *Rhompé*.

Ce rapport confirme le rapprochement que j'ai fait entre la variante du nom du décan *Rhompé* et l'Olympe; en effet la différence de prononciation de la consonne initiale a amené l'invention de personnages qui ont été réputés, comme Orphée, pour leur talent musical, mais dont le nom présentait, relativement au sien, la même différence que le nom de lieu *Olympus* avec *Rhompé*, c'est-à-dire que ce nom était *Olympius*.

Le lien entre Orphée et Orion est *Arion*, musicien supérieur aussi et qui s'est précipité dans les eaux : en effet, Eratosthène déclare qu'Arion était Orion.

15°. Ouar, au premier abord, pourrait paraître le nom d'Orion; mais je crois que ce que je viens de dire des trois décans précédents ne laisse pas d'incertitude quant aux assimilations astronomiques; il me paraît impossible que le nom entier se produise après ces attributions partielles qui vont *à capite ad calces*. Le nom auquel nous sommes arrivés est, je crois, la partie épithétique du nom d'*Arouéris, Har-ouer, Ar-ouer :* il s'applique au symbole de ce dieu placé un peu au-dessus dans le champ du médaillon, savoir, un épervier au sommet d'une tige terminée par une fleur de lotus; c'est le nom de la constellation que les Grecs et les Latins ont appelée le *Petit Chien*.

16°. Phouher ou Phahouher, *la partie postérieure, la fin de Her* (ou de l'Ascension), répond évidemment à *Phentaher* (6°) dont nous avons précédemment parlé: cette corrélation me paraît la confirmation du sens que j'attribue à ces noms comme désignation d'un espace céleste compris entre eux. Le décan dont il s'agit ici représente, je crois, la constellation de notre Cancer, dont l'image est déplacée, ainsi que je l'ai dit.

17°, 18°. Knem, partie essentielle des noms de ces deux décans, est une abréviation ; M. Brugsch a fait remarquer que, sur d'autres monuments, la leçon complète est *Kenmouth ;* mais il s'est, je crois, absolument égaré en rapprochant ce nom de celui des Pléiades dans le texte hébreu de Job et en copte, puis en plaçant définitivement les étoiles de nos décans dans la constellation d'Orion. Les trois séries superposées et composées chacune de trois étoiles qui forment la première figure de son texte, sont précisément les divisions que représentent les trois décans dont nous venons de nous occuper en dernier lieu, *Rhompé, Thos* et *Olk*. Aussi M. Brugsch n'a pu rendre aucun compte de la signification de *Kenmouth*. Ce nom veut dire : *Repos de la mère* ou *La mère au repos ;* c'est la vache dessinée, en effet, à l'état de repos : *Kenmouth* proprement dit est la partie antérieure de l'image; *Karkenmouth* en est *la fin* (Kro, *fin* en copte). Astronomiquement, c'est la constellation qui répond à notre Grand Chien : Kenmouth est la magnifique étoile de Sothis; elle est figurée au-dessus du front de la Vache : *Karkenmouth* est la partie occidentale de l'astérisme. Je pense que *Sôthis* et *Sit* portés avant nos deux décans dans les listes d'Héphestion et de Firmicus, sont, dans le même sens, une interprétation des deux noms, interprétation qui aura été écrite en marge d'un manuscrit et introduite indûment dans la liste par un copiste; en effet, *Sôthis*, je le répète, est l'étoile indiquée par *Kenmouth*, et *Sit* veut dire *queue*, c'est la glose de *Karkenmouth*. *Sôthis*, le plus puissant des décans, le plus important surtout pour les Egyptiens, me paraît avoir été celui dont on a primitivement le plus tenu à cacher le nom, comme on gardait un secret absolu sur le nom du dieu à qui était spécialement attribuée la protection d'une ville ; de là nos deux expressions détournées, dont le sens a en effet échappé, même à nos profonds égyptologues ; j'aurai bientôt à signaler un autre exemple à l'appui de cette opinion.

19°, 20°, 21°. Je cite le n° 20 pour ordre seulement, puisqu'on n'en peut lire le nom sur le zodiaque et qu'il n'y en a point au rang correspondant sur les autres monuments, ni dans les listes des auteurs (1).

(1) Héphestion porte *Mous* comme variante du nom du troisième décan du Lion, qu'il met immédiatement après *Hété* : le vautour donné par M. Lepsius, comme l'un des éléments du groupe onomastique du décan placé entre *Téhé* et *Phouté* sur le zodiaque de Dendera, n'engage-t-il pas à conjecturer que c'est à ce décan intermédiaire que se rapporte le nom *Mous* ?

Téhé et Phouté sont en corrélation par l'élément commun Té et par le rapport de Hé, *tête, partie antérieure,* avec Phou, Phahou, *train de derrière, partie postérieure, fin.* Ce rapport ne se lie pas exclusivement à leurs positions respectives, puisqu'ils ne sont pas immédiatement voisins, qu'un autre décan est intermédiaire. La double indication est ici analogue à celle de *Phentaher* et *Phouher ;* elle concerne aussi un arc zodiacal, seulement cet arc n'équivaut à peu près qu'à un quart de l'autre, il n'embrasse l'étendue que de trois décans au lieu de onze. Il doit s'appliquer au solstice d'été, et le sens doit être fourni par le thème commun *Té.* Ce thème est susceptible d'acceptions diverses.

Sous le rapport idéographique d'abord, si l'on regarde la figure qui donne le mot comme un vase en équilibre sur un soutien, ce peut être une allusion à l'arrêt, à la station du soleil, *sol-stitium,* l'époque où l'on célébrait à Rome la fête de Jupiter *Stator ;* si comme une montagne enflammée ou une flamme s'élevant d'un vase, ce peut être le symbole de l'ardeur de la saison (dans le premier cas, le sommet de l'Olympe, jetant des flammes dont il a été parlé plus haut).

Phonétiquement, le dernier sens, celui d'un vase d'où monte une flamme, peut se déduire du copte Djé, *acerra.* Vesta était considérée comme présidant à l'un et à l'autre centre du ciel; or, son nom était équivalent à Thymiatérion, *acerra ;* c'est donc sans doute ici une de ses images. C'est le rapport de Vesta, déesse du feu, aux deux solstices, en même temps que l'opposition des deux points pour la chaleur, qu'expriment les locutions de quelques autres monuments, *Grand feu, Petit feu,* que Champollion a regardées à tort comme les noms des mois Mékhir et Phaménot : pour avoir, au plafond du Ramesséum, la concordance de ces deux expressions avec les solstices, il faut, en repliant la bande des mois d'une manière continûment circulaire, ainsi que M. Biot l'a indiqué, laisser immobiles les chacals auxquels ces expressions sont attachées, et qui sont notoirement les symboles des tropiques ; alors les mois solstitiaux viennent se mettre en regard avec eux et les équinoxes correspondent au cynocéphale. Seulement l'ordre est renversé ; le solstice de la grande chaleur ou d'été tombe entre les mois *Athyr* et *Pascht,* celui de la petite chaleur ou d'hiver entre *Rannou* et *Khons ;* il en est de même à l'autre bande des mois ; le solstice d'été est au dernier mois de la végétation, celui d'hiver au premier mois de l'inondation. A l'époque *nominale* de la fin de l'inondation, appartenant au ciel du midi, *Rês,* ou au ciel postérieur, éloigné, *Sah,* Osiris se trouve dans la constellation d'Orion où Isis-Sothis vient au-devant de lui, comme dans la représentation du petit temple de la chaîne libyque des colosses d'Aménophis, à Thèbes, de laquelle Champollion a tiré la phrase célèbre qui exprime le même fait. Cela tient à ce qu'il s'agit de la fin d'une période sothiaque, dans la dernière partie de laquelle l'ordre de concordance entre l'année théologique et l'année physique s'est trouvé diamétralement interverti, et de l'ouverture d'une autre période *à novo,* indiquée par l'apparition du Phénix à l'orient *nominal* et le contraste de la régularité des planètes qui l'accompagnent (1), avec le désarroi des décans entassés dans la

(1) Les planètes, en tête du groupe hiéroglyphique de leur nom, ont

moitié opposée de la série mensuelle, dans celle qui termine l'année et la période précédentes. Si Mékhip et Phaménot ne sont point dénommés, cela tient à ce qu'ils étaient *néfastes,* ainsi que les mois correspondants de l'ancienne année romaine dont les dénominations n'allaient que jusqu'à décembre. C'est un sujet très-intéressant que je traiterai dans la seconde partie de ce mémoire.

La figure onomastique répond fréquemment, sur les monuments, à l'idée *Salut*, Outa, en copte Oudjai. Rien de plus conforme aux circonstances naturelles, puisque c'est l'époque où l'inondation promet et effectue annuellement ce grand phénomène auquel est attaché le salut de l'Egypte : de là l'*Hygie* des Grecs qui a pour emblèmes un serpent et une coupe, c'est-à-dire les constellations de l'Hydre et de la Coupe qui occupent ce point sur la sphère grecque.

Enfin, M. Brugsch, en signalant une variante orthographique, *Tai,* fait observer que ce mot signifie *vaisseau,* en copte *djoi*; mais il n'en tire aucune conclusion. C'est ici l'indication de l'astérisme. *Téhé*, plus souvent écrit sur d'autres monuments *Hété,* est *la proue du vaisseau; Phouté*, quelquefois écrit *Téphou*, en est *la pouppe*. A cette occasion nous pouvons renouveler la remarque déjà faite sur la sagacité des hié-

chacune un épervier : cette accumulation d'oiseaux répond d'une manière frappante aux expressions de Tacite : « *Multo exterarum volucrum comitatu novam faciem mirantium,* » ainsi qu'à ce distique de Lactance, Phæn. v. 158 et 159 :

*Alituum stipata choro volat illa per altum,*
*Turbaque prosequitur munere læta pio.*

L'intention semble plus manifeste encore sur le tombeau de *Séti* I^er^, qui offre un compartiment analogue.

rogrammates dans le choix spécial des hiéroglyphes, car HÉ, *tête, partie antérieure*, est écrit par une tête de lion, PHOU ou PHAHOU, *partie postérieure*, par une image du train de derrière du même animal, et la constellation, on le sait, s'étend sous le signe zodiacal du Lion dans le rapport indiqué par ces figures. En outre, la dernière forme *Téphou* ou *Tiphou* porte la pensée sur *Tiphys*, nom du pilote du vaisseau Argo, et, suivant Servius, à l'occasion du vers 34 de la quatrième Eglogue de Virgile, nom générique de tout pilote : c'est donc en particulier *Canobus*.

22°. TÔM, ainsi que je l'ai dit, indique le terme de l'espace olympique, *magni Palatia cœli.* Le mot signifiant à la fois *fermer* et *obscurcir*, c'est, pour le sens comme à peu près pour la position, le contraire de *Khou* ou *An* du Verseau.

23°. OUSCHTI, répondant au copte OSCHTI, OSCHTI, *reptare*, me paraît être l'*Hydre.* Au sujet de *Té*, partie commune des noms des premier et troisième décans du Lion, M. Brugsch donne encore, comme une des significations de ce thème, *Grue cendrée*, en allemand *Kranich.* Ce dernier mot rappelle immédiatement le grec *Coronis* voulant dire aussi un oiseau noir, une *corneille*, et à la fois un *vaisseau noir*, c'est-à-dire s'appliquant aux deux sens de *Té*, *Grue cendrée* et *vaisseau*, vaisseau noir à cause de la position de la constellation. Or la mythologie grecque parle d'une nymphe *Coronis*, fille de *Phlégyas*, ou de la chaleur (chaleur solstitiale), qui ayant trompé, en faveur d'*Iskthys*, l'amour confiant d'Apollon, fut dénoncée à ce dieu par un corbeau : la double circonstance de Phlegyas et du corbeau autorise à penser qu'on doit prendre *Co-*

*ronis* dans le sens de *vaisseau*, et dans ces conditions la ressemblance d'*Iskhtys* avec *Ouschti* porte à ajouter que le nom du séducteur de la fable est celui de la constellation de l'Hydre.

24°. Bek est susceptible de diverses interprétations. A raison de la position de ce décan à la suite de celui qui me paraît représenter l'*Hydre*, je crois qu'il indique le *Corbeau* dont le nom en copte est *Abok*. La forme *Bôk* veut dire *servus*, *famulus*, et *ire*, *abire*; l'un et l'autre de ces sens s'applique à la légende de *Corvus* : en effet, Théon et Elien prétendent qu'il s'agissait primitivement, dans la fable, d'un esclave d'Apollon, et l'on sait que l'incident principal de cette fable est l'éloignement prolongé du serviteur que le dieu, son maître, avait envoyé chercher de l'eau pour un sacrifice. Mais cela n'est qu'une broderie factice sur le thème, imaginée soit par les prêtres égyptiens eux-mêmes, pour cacher le sens réel, soit par l'imagination des Grecs, coutumiers de faits pareils. En réalité, il devait s'agir du commencement de la retraite des eaux du Nil, et la direction de l'oiseau, en sens inverse des autres signes, en même temps que le mot *Bôk*, figurait sans doute ce phénomène.

25°. Le nom du décan suivant, Aphoso de la liste d'Héphestion, répondait au copte aps, *numerus*, *numeratio*, *æstimatio*; il indiquait la supputation de la plus haute élévation qu'avaient acquise, pendant le débordement, les eaux du Nil, supputation sur laquelle on basait l'assiette annuelle de l'impôt. A la vérité, le mot copte est masculin, et à Edfou, à la suite de aps, il y a un t qui semble indiquer le féminin : mais cette marque n'existe certainement pas sur le zodiaque circulaire de Dendera; je crois donc que c'est la bonne leçon. Ce qui prouve positivement la justesse de mon interprétation, c'est sa concordance avec l'ancienne dénomination, car APS n'existe qu'à Dendera et à Edfou : au tombeau de Ramsès IV et sur le sarcophage de Nectanèbe I on lit NISOU MAHOU, *Etoiles des coudées*, et la coudée était l'unité de la mesure de l'élévation des eaux. Je présume qu'une idée analogue enfermée dans le groupe onomastique des listes de levers d'étoiles des pharaons Ramsès VI et IX, qu'on rend par *les étoiles nombreuses ;* la qualification y est exprimée par une image de reptile que l'on a comparée à celle d'un lézard; c'est en effet l'assimilation qui se présente le plus naturellement. Quoi qu'il en soit, je conjecture que le symbole est fondé sur une raison analogue à celle du symbole équivalent de la grenouille ou du têtard de grenouille, et qu'il s'agit, dans un cas comme dans l'autre, d'une pullulation dans le limon humide et tiède laissé par le Nil après sa retraite ; en sorte qu'il s'agirait des *étoiles des.... (Lézards?)*, pour les étoiles qui coïncident avec la retraite des eaux du fleuve : la remarque se fortifie par le rapprochement du nom du décan avec la forme hiéroglyphique du nom du mois Epiphi à Edfou, mois dont le génie avait une tête de grenouille. Je ne présente toutefois cette opinion qu'avec réserve, en me bornant à ajouter que la diversité d'appellation était un artifice des prêtres pour obscurcir ce qui concernait les décans.

La ressemblance de APOS ou APHOS, *numerus*, avec APOT ou APHOT, *calyx*, *scyphus*, *poculum*, a sans doute amené une confusion qui a fait imaginer la substitution d'une *Coupe* au repli de la queue du Lion et la formation d'une constellation spéciale de la *Coupe* dont il n'y a point trace sur le zodiaque égyptien : le nom du décan donné par Firmicus, *Aphout*, semble trahir ou cette méprise ou cette substitution intentionnelle de la part des prêtres.

26°. Soukhôs ou Sebkhôs me paraît signifier *Temps du travail, du labourage*, qui est le travail par excellence (*labor*), et, au figuré, *temps de la passion, de la souffrance*, Seb, Séou, *Tempus*, Khisi, *Labor, opera, passio, perpessio*. L'idée spéciale de labourage me paraît ressortir du rapport naturel de cette idée avec celle de travail, aussi trouve-t-on similairement en copte Hôb, *opus, labor*, Hebi, *aratrum ;* en second lieu, du rapport de Khisi avec Skhi, Skhai, *arare*. Ce dernier rapprochement et l'application que j'en fais ne sont pas arbitraires, car au tombeau de Séti I et au plafond du Ramesséum, le groupe onomastique contient un signe hiéroglyphique qui phonétiquement vaut en réalité *Skhai*. En troisième lieu, le nom paraît se rapporter à l'image de chacal, *Sab*, sur un hoyau qui occupe le centre du médaillon, ou au personnage humain à tête de taureau, ou de Saturne, *Sab* (nom de Saturne quand il n'est pas considéré comme la planète de ce nom), qui tient aussi un hoyau et paraît en frapper la terre, personnage qui est presque en contact avec la figure du décan. Il ne s'agissait pas encore évidemment du labourage; aussi je reviendrai sur cette circonstance.

D'un autre côté, l'affaiblissement de l'action du soleil était considéré comme une souffrance d'Osiris ; aussi la figure du décan consiste-t-elle dans une représentation de ce dieu avec les jambes unies, pour indiquer les entraves qu'il éprouvait.

Dans la variante du tombeau de Séti Ier et du Rhamesséum que je viens de citer, la première syllabe n'est pas *seb* ou *sou ;* elle est représentée par la consonne T. C'est une variante synonymique. En effet, le sens *temps* donné à *seb, sou,* vient du nom de l'étoile *Seb, Siou,* en composition *Sou.* Or ce nom s'écrivait aussi *Tiou,* comme le prouve le nom de nombre Tiou, *cinq,* emprunté pareillement à l'étoile, ainsi que le rapporte Horapollon : on peut donc avoir dit Touskhai dans le même sens que Soukhis, *Soukhôs.* D'un autre côté, *To* avait pour une de ses acceptions *Partie;* il est employé au sujet des divisions du temps; il peut donc par lui-même, indépendamment du rapport étymologique avec *Siou,* avoir été pris pour équivalent idéologique de ce mot dans le sens de *partie du temps.*

Au tombeau de Ramsès IV, *Sôtepkhnê,* nom plein du deuxième décan du Scorpion, n'existe pas : sa place est occupée par un groupe consistant en deux images de la peau de quadrupède avec une queue, déterminatif ou idéographique ordinaire de l'idée quadrupède, et, au-dessous, deux figures d'un instrument qui servait à graver, à creuser. L'idée de couple de quadrupèdes implique essentiellement et en premier lieu celle d'attelage de bœufs à la charrue, car c'est là le type de l'union à deux, de la paire; les deux figures d'instruments complètent cette idée : je crois donc que c'est une image tropique du labourage, et que c'est l'équivalent des deux autres formes que je viens de rapprocher. Le déplacement d'un rang tient à l'absence, je le répète, du décan *Sotep* ou *Sotepkhnê.* Je ne doute pas que ces diverses synonymies n'aient eu pour objet d'envelopper d'obscurité aux yeux des profanes les noms des décans.

27°. Le chef de cette décanie, sur le zodiaque circulaire, n'a, comme je l'ai dit, ni nom, ni étoile. J'ai exposé les motifs qui me portent cependant à y voir *Tpikhouit,* nom composé de Tpi, *summitas, ver-*

*tex,* et KHOUIT, égal au copte SCHÉOUI-T, *altare, ara.*

L'Autel, la constellation la plus australe, indiquait aux Égyptiens le fond de l'hémisphère inférieur, *Australis vertex,* comme dit Macrobe, *Somn. Scip.* I, 16. C'est précisément la signification de *Tpi Khouit*, car TPI répond à *vertex,* et SCHÔTE, *Puteus, fovea,* à l'épithète *australis* : VERTEX FOVEÆ, *seu cavitatis subterraneæ*. *Puteus* était en effet, en latin, l'une des appellations synonymiques de l'Autel astronomique. D'une manière générale, on peut y voir, comme je viens de le dire, une allusion au fond de l'hémisphère austral. Mais il y avait, pour les Égyptiens, un motif particulier dans le choix de ce nom, c'est qu'il existait à Syène un *puits* dans le fond duquel, au solstice d'été, lorsque le soleil ne produisait aucune ombre, on voyait l'image de l'astre réfléchie par l'eau ; le fond du puits, ainsi opposé directement au sommet solstitial du ciel boréal, n'a-t-il pas dû être regardé comme la meilleure expression du point inversement correspondant du ciel antarctique ?

Une autre désignation de l'*Autel* était *Vesta*. Or Vesta était la Terre, et l'on confondait l'hémisphère inférieur avec la Terre. Mais il y avait deux déesses de ce nom, comme deux hémisphères, deux pôles, et, à ce point de vue, Orphée en a dit : ἣ μέσον οἶκον ἔχεις πυρὸς ἀεναίοο μεγίστου, *Toi qui habites la demeure centrale du feu éternel et tout-puissant* : ce μέσος οἶκος indique le centre de la région supérieure du monde, le séjour de l'éther ou du feu élémentaire. Aussi une Vesta correspondait-elle, comme je l'ai dit plus haut, au solstice d'été. L'autre, qui tenait sous son autorité le Capricorne, *angusta fovet Capricorni sidera Vesta,* répondait au solstice d'hiver et au pôle inférieur (1).

On donnait encore à la constellation dont il s'agit le nom de *Thumiatérion* en grec, *Acerra* en latin. Cette appellation se rattache à la précédente, car Pollux a dit : Βωμὸς, θυμιατήριον, Ἑστια, *Altare, Acerra, Vesta.* Mais ce qu'il y a, dans cette dénomination, d'important pour la question, c'est le rapport avec un passage de Plutarque, *Is. et Os.*, c. 10, jusqu'à présent non compris, à tel point que le texte même de l'auteur est altéré. Il dit, en parlant des Égyptiens : τὸν δὲ οὐρανὸν, ὡς ἀγήρω διὰ αἰδιότητα (γράφουσι), καρδίᾳ θυμιατηρίῳ ὑποκειμένῳ, *Cœlum vero, quippe incorruptibile propter æternitatem, pingunt cordi acerra supposita* (2). Les Égyptiens appelaient Hêt, *cœur, milieu*, et représentaient en démotique, par une image de ce viscère, le Septen-

(1) Ovide, dans les conseils d'Apollon à Phaéton, oppose aussi l'*Autel*, constellation du centre inférieur, au centre supérieur : mais, comme ici c'est de la route du soleil qu'il s'agit, les centres, ou pôles, sont ceux de l'écliptique, et la constellation supérieure opposée à l'*Autel* est le *Dragon*, dont une partie répond au pôle boréal de l'écliptique :

*Neu te dexterior tortum declinet in Anguem,*
*Neve sinisterior pressam rota ducat ad Aram,*
*Inter utrumque tene.......*

(2) Cette leçon, indiquée par M. Leemans, sauf le genre du dernier mot, est une restitution fondée sur une proposition corrélative d'Horapollon, I, 22, en ces termes : Αἴγυπτον δὲ γράφοντες, θυμιατήριον καιόμενον ζωγραφοῦσι, καὶ ἐπάνω καρδίαν, *Ægyptum verò scribentes, acerram flagrantem pingunt, et supernè cor.* Saint Augustin, *De civit. Dei*, VIII, 23, attribue à Hermès Trismégiste ces paroles : *An ignoras, Asclepi, quod Ægyptus imago sit cœli, aut, quod est verius, translatio aut descensio omnium quæ gubernantur atque exercentur in cœlo, ac, si dicendum est verius, terra nostra mundi totius est templum.* Il n'est donc pas surprenant de voir appliquer à l'Egypte, par le dernier auteur, l'image symbolique par laquelle le premier dit que le ciel était représenté, et les expressions de l'un servent légitimement à rectifier celles de l'autre, sans cela inintelligibles.

trion, le centre de l'hémisphère boréal, le point correspondant au solstice d'été : l'Autel, *Thymiatêrion*, *Acerra*, figurant le point opposé, le centre de la région australe, le domaine du solstice d'hiver, était donc, dans l'idée qu'on se faisait du monde entier et qu'on s'en fait généralement encore, *placé au-dessous;* c'était bien le Thymiatêrion au-dessous d'un cœur, et une simple, mais expressive énonciation de l'idée *Ciel*. L'image, avec une légère modification relative aux positions des deux symboles, existe à la pl. 74 du T. II, Antiq. de la *Description de l'Égypte*. C'est la figure concave regardée comme l'emblème des pays montueux et faisant la base de ce que Champollion appelait la montagne solaire : sur l'un des pitons, à gauche, est l'image d'un cœur; sur l'autre, une grande flamme rouge (1).

L'*Autel* est représenté mimiquement au tombeau de Séti Ier, *Einleit.*, p. 68, n° 16, par une image à peu près semblable à celle du zodiaque rectangulaire de Dendera; mais, comme au zodiaque circulaire, il manque de nom spécialement exprimé, et, chose très-remarquable, il n'apparaît sur aucune des autres listes monumentales qui ont été publiées. Je crois que cela tient à la superstition craintive qu'inspirait ce décan comme représentant l'enfer, superstition qui s'attachait pareillement à d'autres divinités de cet ordre et produisait le même effet.

Sur ce monument de Séti Ier, la figure dont je viens

(1) Cfr. *Rituel de Turin*, vignette du chap. 17, pl. IX de l'édition de M. Lepsius. Les deux autres points cardinaux sont marqués par le mât qui s'élève du centre de la vallée et porte à son sommet l'épervier, symbole de l'équinoxe vernal, et la plume d'autruche ou de *Ma*, emblème de l'équinoxe d'automne.

de parler est placée plus loin que sur le zodiaque circulaire de Dendera ; elle ne vient qu'après *Heroua*, et correspond par conséquent au Scorpion : cela est plus conforme à la position réelle de la constellation, et l'on semble avoir voulu y faire allusion sur le planisphère rectangulaire où, en ne tenant compte que de la position de fait, sans s'attacher à l'ordre corrélatif de la nomenclature, l'Autel suit le Scorpion : j'expliquerai plus tard ces circonstances.

28°. Je parlerai plus loin d'Heroua. Je me borne en ce moment à faire observer que Firmicus dit du Scorpion, L. vii, c. 26 : « Il a auprès de lui le Renard et Ophiucus à droite, et à sa gauche le Cynocéphale et l'Autel. » Le Cynocéphale (*Heroua*) occupe en effet, comme décan, cette position avec la figure que je viens d'assimiler à l'Autel, celle qui précède immédiatement.

29°. Désigné sur le zodiaque circulaire par un signe symbolique dont personne n'a reconnu la valeur, peut-être parce que plusieurs planches représentent inexactement comme une porte le triangle qui double intérieurement celui qui en circonscrit la périphérie, ce décan a, sur tous les autres monuments, son nom énoncé phonétiquement. La première partie de ce nom, *Sôpet* ou *Sôtep*, ne laisse aucun doute sur la signification de la figure du zodiaque circulaire, et la seconde partie, écrite indubitablement *Khnē* à Edfou (n° 14 de table 11a de M. Brugsch), démontre le rapport avec la transcription rigoureusement exacte d'une variante de la liste d'Héphestion Stpkhnē, *Sôtep-Khnē*. Entraîné par une variante orthographique du tombeau de Ramsès V, M. Brugsch voit dans *Sopet* l'équivalent, pour l'idée comme pour le son, du copte Spotou, Sphôtou, *Lèvres*, et il traduit le groupe entier par *Lèvres de Khon.* Mais cette variante n'est qu'une preuve de la recherche avec laquelle on évitait, par la diversité des notations, de laisser pénétrer par les profanes la véritable constitution des noms des décans dont l'efficacité résidait dans l'exacte prononciation de ces noms. La variante du Ramesséum qui doit, je pense, en rectifiant le dessin du second caractère, se lire *Sôtep,* me paraît un indice de plus ajouté à celui qui ressort de la figure du zodiaque circulaire, car le nom de Sôthis s'écrivait en effet, en égyptien, des deux manières, *Sôpet* et *Sôtep,* tandis qu'il n'en est pas de même du nom des lèvres. *Khnê* correspond au copte Ghné, *submittere, subjicere,* Ghné, *se subjicere, submitti* : il doit avoir rapport à un coucher de la constellation; « *Occidens oriente Sagittario,* » dit Hygin.

30°, 31°. On ne peut lire ni l'un ni l'autre des noms de ces décans. Mais le rapport avec les monuments analogues autorise à rétablir à l'une des deux places, probablement au Scorpion, *Seschmou.* Ce nom, que les monuments présentent écrit tantôt comme je viens de le présenter, d'autres fois *Schesmou,* et qui pouvait encore, selon les concordances coptes, s'écrire *Scheschmou,* signifie *niveau de l'eau, équilibre de l'eau,* c'est-à-dire retour de l'eau au point où elle ne décroissait ni ne croissait.

32°. Knem est ici, comme dans les noms des deux derniers décans du Cancer, une abréviation : divers monuments prouvent que la leçon entière est *Knemou, Kenmou.* De même encore qu'au Cancer, ce nom est composé; le premier élément a toujours le sens *se reposer;* l'autre signifie *Eau* : c'est le *repos de l'eau* le point où le Nil, ayant cessé de décroître, comme l'indique le nom du décan précédent, est tout à fait en repos.

33°, 34°, 35°. Le nom du n° 34, *Psousat* ou l'*étoile Sat,* est, sur les autres monuments, simplement écrit SAT, *Flèche,* et il est probable que telle en était toujours la prononciation. La signification du mot explique à quelle constellation il se rapporte. C'est sur ce point que M. Biot place l'extrémité australe du colure des solstices, et c'est là aussi précisément que tombe, d'après ma répartition, le solstice d'hiver. Le rapport de cette circonstance avec les données antiques est prouvé par la curieuse coïncidence que cette constellation recevait le nom de *Temo meridianus.*

Le nom de chacun des décans dont la flèche est immédiatement flanquée est abrégé ; la partie essentielle de chacun d'eux est M pour MÊTI, *moitié,* comme sur les coudées ; on doit donc prononcer TPISMÊT et SMÊT, *commencement de la division par moitié* et *division par moitié :* ces expressions se rapportent au partage opéré par les intersections diamétralement opposées du colure des tropiques, ce qui forme, de *Phouher* à *Sat,* ou du Cancer au Capricorne, par l'occident, ce qu'on appelait la Grande moitié, de *Sat* à *Phouher,* ou du Capricorne au Cancer, par l'orient, la Petite moitié. Le nom du décan intermédiaire, *Sat,* est susceptible de diverses acceptions qui se rapportent aussi à la position, et c'est pour cela probablement que la flèche, qui porte ce nom, a été choisie pour emblème de la constellation. Ce mot rappelle *Set,* un des noms de Typhon, le génie de l'hiver ; une de ses significations est *partie postérieure, queue :* c'est ici la partie postérieure ou inférieure du ciel ; aussi doit-on y rattacher ESÊT, *infé-*

*rieur, abaissé*. Mais en même temps *Set* veut dire *racheter, sauver;* c'est que le point solstitial, dont il s'agit, est à la fois le lieu et du plus grand abaissement du soleil et du commencement de son retour, de sa rentrée dans le ciel supérieur, de la rédemption qu'il apporte au monde. Cette dernière circonstance est exprimée par l'image du décan, un très-petit bélier, qu'on voit plus grand au signe zodiacal suivant, et qui a atteint tout son développement à l'équinoxe de printemps, comme sur d'autres monuments on représente d'abord un jeune enfant, puis un adolescent, puis un homme dans toute la vigueur de l'âge, ainsi que Macrobe l'a écrit et qu'on le voit figuré, entre autres, à Esné. Le bélier avec des cornes de bouc et un disque au-dessus de la tête, tel que nous le montre le zodiaque circulaire aux points que j'ai indiqués ci-dessus, était le symbole de la force vivifiante de la nature, et nous voyons ainsi cette force renaître, en quelque sorte, au commencement du Capricorne, puis augmenter progressivement dans les signes ascendants et, vers l'équinoxe d'automne, être remplacée par le génie des ténèbres et du mal dont l'emblème est figuré par l'image du troisième décan de la Balance, la tête de crocodile sur une base, qui fait exactement le pendant (1) de la tête de bélier sur une base aussi et dans une barque qui représente le troisième décan du signe zodiacal du Bélier.

36°, 1°. Comme je l'ai dit en débutant, le premier décan de la série se rattache, par son nom, au dernier

(1) Cette circonstance peut porter à penser que la position de l'*Autel* que représente la figure dont je parle, position sur l'exactitude de laquelle j'ai précédemment exposé des doutes, avait cependant été calculée et choisie avec intention.

auquel nous venons d'arriver : c'est donc le moment de reprendre ce qui le concerne. Ce nom est écrit sur d'autres monuments *Sisro ;* il a donc *Sro* en commun avec le dernier génie de la série. Le nom de celui-ci a pour déterminatif une espèce d'oie; on en a conclu que *Sro* est le nom propre de cette espèce; mais je crois que c'est un adoucissement de Ghro, *oiseau,* comme on a Slê, srk, slk, Ghlê, Ghrê, Ghlak, *Scorpion* (1). C'est la constellation qui a été représentée par tant d'oiseaux divers qu'Aratus lui a donné l'épithète Œolos, *varié;* on la nommait souvent le *Cygne,* mais les Grecs l'appelaient simplement, comme notre monument, Ornis, *l'oiseau,* en général. Hygin dit de l'*Olor* ou du *Cygne :* « *Omnino habet stellas* xii, » et l'on voit en effet douze étoiles à l'emblème de *Sro*.

D'autres monuments attachent pour déterminatif un bélier ; c'est probablement ce qui a déterminé M. Brugsch à traduire *Ser* par *Bélier*. *Ser* ou *Serr* est, sur certains monuments étrangers à l'astronomie, le nom de la girafe. Au tableau astronomique du Ramesséum, l'animal correspondant à celui qui détermine le nom du décan *Sro* sur le tombeau de Séti Ier est une gazelle, avec cette inscription : *L'eau dans la fosse*. Sur le zodiaque circulaire de Dendera, l'image du décan *Siro* concilie les acceptions Bélier et Bouc, car c'est un bélier portant, outre ses propres cornes, des cornes de bouc. En hébreu, Sair est le nom du *Bouc*, Hircus, et c'est la véritable application, car ce mot vient de Saar, *Horruit*, comme *Hircus*, selon Gesenius, de *Hirtus*, pour *Hir-*

(1) Mon interprétation paraîtra sans doute d'autant plus fondée que M. Birch, *Ægypt's place*, 479, N° 461, en traduisant *Sr* par *espèce de canard*, ajoute comme comparaison avec le copte : *ghré*.

*sutus*. Cette acception propre s'est perdue de vue, et le nom a passé à d'autres animaux qui n'ont pas ce caractère spécial, mais qui ont entre eux et avec le bouc d'autres analogies. Aratus, au v. 312 du liv. v, après avoir parlé d'un lever de la *Flèche*, dit :

> At quum secretis improvidus Hædus in astris,
> Erranti similis, fratrum vestigia quærit,
> Postque gregem longo producitur intervallo...

Cette mention d'une constellation du *Bouc* à la place dont il s'agit, a fort intrigué Scaliger ; il semble que ce ne puisse être un équivalent du *Cygne*, puisque cette constellation, sous le nom *Cycnus*, est désignée plus loin. Cependant on a, dans la même partie du poëme, un autre exemple de double emploi sous des noms différents, *Lyra* et *Fidis* : n'est-il pas possible qu'il en soit de même ici, et que l'auteur ait été égaré par un monument où, comme au tombeau de Séti Ier et à celui de Ramsès IV, un bélier était gravé à la place de l'oie des autres monuments, ou, plutôt, comme à l'image du décan *Siro* sur le zodiaque circulaire de Dendera, un animal réunissant les attributs du bélier et du bouc ?

Le thème *Sor* ou *Ser* a divers sens dont l'application à la région dont il s'agit est très-naturelle.

D'abord il signifie *Midi*, et le copte *rês* en est peut-être la métathèse. Il est inutile d'appuyer sur la convenance de ce nom.

M. Chabas, dans une note de son Mémoire sur une hymne à Osiris, *Rev. arch.*, 1857, a prouvé que *Sor* ou *Ser* signifiait souvent un objet ou un lieu saint, sacré, en particulier l'adytum des temples. Il me paraît très-vraisemblable que ce sens a été pris en considération lorsqu'on a choisi le nom d'un point correspondant au pôle soustrait à nos regards, à l'adytum du monde : c'est probablement le *To-Sor* ou la *Région Sor*, mystérieuse, du Rituel funéraire.

J'ai dit que *Khou*, thème des noms des deux décans qui suivent immédiatement ceux-ci, représente le *Chaos*, entendu comme dans les *Fastes* d'Ovide, c'est-à-dire l'apparition de la lumière à la naissance ou à la rénovation du monde. *Sor*, dans l'acception *distribuer*, *partager*, *mettre en ordre*, hébreu *Sara*, indique le phénomène qui a précédé celui-là, la séparation et la mise en ordre des éléments. En effet, la confusion de ces éléments est figurée par l'image polymorphe du Sagittaire, que l'on n'a pu jusqu'à présent rationnellement expliquer. Elle consiste en un corps de cheval avec des ailes, une tête humaine dirigée en avant, une tête d'épervier tournée en arrière, et deux queues, une de cheval, l'autre de scorpion; les deux têtes sont surmontées d'une tiare, la partie supérieure de la double couronne égyptienne, ou couronne de la région supérieure, elles sont réunies au corps de cheval par un torse humain avec deux bras tenant un arc et une flèche prête à être lancée; au-dessous des pieds de devant du cheval est une petite barque. Le torse humain avec deux têtes représente, à raison de la position élevée de ces têtes et de la couronne significative qui leur est commune, les deux éléments les plus légers, l'éther ou la lumière, éther lumineux, et l'air ou le feu, air igné. Le corps de quadrupède symbolise la terre, et la queue de scorpion l'eau; car, dans le système astrologique, le signe zodiacal du Scorpion était consacré à l'eau. Des deux éléments supérieurs, le prééminent et par sa légèreté même et par l'intelligence, le *mens* dont il était le siége et la source, est figuré par la tête pensante, la tête humaine, dirigée en avant. En effet, parmi les images des génies représentant les quatre éléments et les points cardinaux, celle du sommet solstitial d'été a une tête humaine, et il en est de même de l'oiseau, emblème de l'âme; d'un autre côté, Clément d'Alexandrie, *Strom.* v, dit du Sphinx qu'il était le symbole de la force unie à l'intelligence, et que pour cela il avait tout le corps d'un lion et un visage humain. L'air igné a pour emblème la tête d'épervier, les ailes et la flèche. Pour les ailes, besoin n'est d'explication. Pour l'épervier, les textes anciens offrent des énonciations diverses qui demandent à être conciliées pour s'adapter à la signification que j'attribue ici à ce symbole. Clément d'Alexandrie, *Strom.* v, c. 7, a écrit que l'épervier était le symbole du Soleil, parce qu'il est de nature ignée; Elien, *Hist. anim.*, l. x, c. 24, dit que, pour les Égyptiens, l'épervier était le symbole du *feu*, et il y a dans ce passage cela de remarquable, que l'auteur parle précisément des Tentyriens ou anciens habitants du Dendera moderne; selon Porphyre, cité par Eusèbe, *Prép. évang.*, c. 12, il était le symbole de la *lumière* et de l'*air*. La déclaration d'Élien, et le dernier terme de celle de Porphyre, justifient mon dire sur le commun symbolisme du *feu* et de l'*air*; la mention de la *lumière* par Porphyre ne le détruit pas; elle le confirme aussi, au contraire, si je la comprends bien. En effet, si on la prenait à la lettre, dans le sens de *lumière pure*, il en résulterait qu'il n'y aurait pas eu d'élément supérieur, puisque celui-ci ne peut être que la lumière ou le feu; mais *phôs*, qui est l'expression d'Eusèbe, doit s'entendre du *feu* uni à la lumière plutôt que de la lumière pure, qui est Augé, *blancheur;* aussi à Phôs, Phôtos, *lumière*, se rattachent Phôs, Phôdòs, *brûlure,* Phôzô, *brûler, rôtir, allumer*. M. Leemans, *Horap. hierogl.,* entend le passage d'Eusèbe dans le même sens, car, après l'avoir textuellement et en entier cité à la page 148, il le résume ainsi à l'*index* iv, p. 445 : « *Accipiter*, significans *ignem et spiritum*. Euseb., *Præp. Evang.* iii, 12. » Je crois donc que les deux témoignages, bien interprétés, se réunissent pour affirmer la justesse de mon assertion relativement au symbolisme de l'air igné par l'épervier. Quant à la signification du *feu* par la flèche, elle est fondée sur ce fait que, dans la répartition astrologique des éléments dans le zodiaque, le feu passait par l'arc ou par la flèche du Scorpion, et cela était peut-être basé sur le rapport des termes coptes Sati, Sote, *sagitta,* Sate, Sote, *ignis*, *flamma,* dernière acception concordante avec celle que je viens de proposer pour le grec Phôs. La barque concourt, avec la queue du Scorpion, à représenter l'*eau*.

On peut donc dire de l'emblème complexe, avec l'auteur des *Métamorphoses :*

Corpore in uno
Frigida pugnabant calidis, humentia siccis,
Mollia cum duris, sine pondere habentia pondus.

Mais bientôt :

Hanc deus et melior litem Natura diremit.

*Diremit*, c'est-à-dire *Sor :* la *terre* et l'*eau*, rapprochées, à raison de leur commun caractère d'éléments pesants, dans le signe bicorpore du Capricorne, sont séparées de l'*éther* et de l'*air*, rapprochés eux-mêmes dans le signe du Verseau, lequel est composé d'un corps humain coiffé de la couronne blanche, celle de la région supérieure, c'est-à-dire de l'emblème de l'*éther* ou de la lumière pure, puis d'un ou de deux vases que cette image tient aux mains, c'est-à-dire de l'emblème de l'*air*, car, dans le système astrologique, l'air passait par l'urne du Verseau (1) : à cette division en deux groupes répondent parfaitement ces vers d'Ovide à la suite des précédents :

Ignea convexi vis (2) et sine pondere cœli
Emicuit, summaque locum sibi legit in arce.
Proximus est aer illi levitate, locoque.
Densior his tellus, elementaque grandia traxit ;
Et pressa est gravitate sui. Circumfluus humor
Ultima possedit, solidumque coercuit orbem.

Il convient de remarquer que les deux génies dont les noms contiennent en commun *Sor*, c'est à savoir l'expression de répartition, de mise en ordre, correspondent précisément, dans ma série, aux deux signes zodiacaux de la séparation des éléments, l'un au Capricorne, l'autre au Verseau.

Alors Ovide ajoute :

Vix ea limitibus dissepserat omnia certis ;
Quum, quæ pressa diu massa latuêre sub illa,
Sidera cœperunt toto effervescere cœlo.

(1) Voir, sur la théorie de la répartition des éléments, Firmicus, l. II, chap. 2.

(2) Le poëte latin sépare le feu de l'air; c'est un point de vue un peu différent de celui des Egyptiens, tel que je viens de l'exposer; mais il ne détruit pas mon assertion : nous verrons plus loin Virgile la corroborer.

C'est ce qu'expriment les noms des deux décans suivants par leur partie commune, Khou, *Esprit pur, Astre,* et par l'hiéroglyphe onomastique, le globe versant des rayons de lumière (1).

(1) La création continue sur le zodiaque comme dans le poëme :

*Neu regio foret ulla suis animantibus orba,*
*Astra tenent cœleste solum, formæque Deorum :*

Génies des planètes et figures du champ du médaillon.

*Cesserunt nitidis habitandæ piscibus undæ.*

Poissons du zodiaque : *Terra feras cepit* ; Bélier et Taureau : *Volucres agitabilis aer* ; Oiseau aux pieds de la figure humaine à la suite du Taureau. Cependant il y a là une altération de la notion primitive ; en effet, la Bible dit, après la formation des astres : « Dieu dit encore : Que les eaux produisent des animaux vivants qui nagent et des oiseaux qui volent. Dieu créa donc les grands poissons et tous les animaux qui ont la vie et le mouvement que les eaux produisirent par espèces, et il créa aussi tous les oiseaux selon leur espèce... Dieu dit aussi : Que la terre produise des animaux vivants... » Ainsi les oiseaux furent créés avec les poissons, avant les animaux terrestres : il y avait indice de cette notion dans les anciennes figures, car on représenta d'abord après le Verseau, un poisson et une hirondelle ; puis deux poissons, mais dont l'un conserva la tête et le nom d'hirondelle : enfin, le point de départ se perdant complément de vue, deux poissons.

Poursuivons avec le poëte latin :

*Sanctius his animal, mentisque capacius altæ,*
*Deerat adhuc et quod dominari in cætera posset :*
*Natus homo est.........*
*Pronaque quum spectent animalia cætera terram,*
*Os homini sublime dedit, cœlumque tueri*
*Jussit et erectos ad sidera tollere vultus.*

A cette belle description répond dignement l'homme qui marche en dominateur après le Taureau. Mais le zodiaque va plus loin que le poëte. L'homme, sur le zodiaque, est seul d'abord, tel que je viens de l'indiquer. Mais peu après, au sujet des Gémeaux, apparaît le couple humain. La création est achevée, et près du signe suivant, le septième depuis celui de la mise en ordre au Capricorne, nous voyons un dieu assis ou dans l'attitude du repos.

Le nom du décan *Sro* au zodiaque circulaire est écrit au-dessus d'une grande circonférence enveloppant les images de huit hommes rangés en deux séries superposées de quatre individus agenouillés et ayant les bras liés derrière le dos. Sur le zodiaque du temple au nord d'Esné, l'emblème consiste en neuf hommes superposés trois par trois, les bras liés derrière le dos et la tête tranchée; autour, au lieu de la circonférence, trente glaives dans un ordre quadrilatéral. Letronne a insisté sur ces légères différences pour mettre en doute l'identité d'intention de la part des auteurs des dessins et une cause raisonnée à ces représentations. Mais il paraît avoir alors oublié une tradition de l'antiquité qui explique parfaitement les divergences. Elle porte que primitivement on immolait à Typhon pendant les jours caniculaires neuf hommes, trois chaque jour. C'est à cette première donnée sans doute que fait allusion le tableau d'Esné, où les figures humaines décollées ne sont pas circonscrites par un cercle. Plus tard, par la volonté du roi Amasis, dit-on, on substitua aux hommes des animaux, mais en les marquant d'un sceau représentant les hommes pour rappeler la substitution. C'est probablement le sens des figures du zodiaque circulaire : en effet, le disque indique le sceau, et s'il n'enferme que huit images, c'est que l'équivalent de la neuvième se trouve dans le médaillon sous la forme d'un animal décapité, ce qui exprime le remplacement dont je viens de parler; aussi sur le zodiaque rectangulaire, c'est un homme décollé que l'on voit, ce qui achève de démontrer l'équivalence.

Les cendres des victimes étaient jetées au vent, et l'une des acceptions de *Sor*, *Ser*, est encore *semer*, *disperser*, en latin *sero*, en hébreu *zara*, *sara*. Cependant, je ne dois pas le dissimuler, c'est, comme je l'ai dit, pendant les jours caniculaires que Plutarque place ces immolations. Par contre, les Romains, qui avaient des *sigillaria* expliqués par une légende analogue à la précédente, les indiquaient sur leurs calendriers en décembre, à la fin des Saturnales. Si néanmoins l'assertion de Plutarque doit prévaloir pour l'Egypte, c'est qu'il s'agissait probablement de paranatellon.

Quoi qu'il en soit, l'oie en rapport avec cette allégorie rappelle Cycnus, antagoniste d'Hercule, et que Stésichore (ap. *Schol. ad Pind.* Olymp. XI, 19) représentait, dit M. de Witte (*Bull. archéolog.* janv. 1856), comme un brigand qui attendait les voyageurs au passage, les dépouillait et leur coupait la tête, voulant, des têtes de ces malheureux, construire un temple au soleil.

Hésiode fixe le combat d'Hercule contre Cycnus à l'époque où la cigale, par ses chants, annonce l'été aux mortels, et où la canicule commence à brûler les corps et à colorer les raisins encore aigres, et cela paraît confirmer le dire de Plutarque.

La légende de Jupiter dit que la première épouse de ce dieu fut *Mêtis*. En grec, *Mêtis* veut dire *prudence*, *finesse*; il semble naturel de s'arrêter à cette étymologie, surtout de ne pas en chercher une autre dans une langue étrangère. Cependant, en considérant qu'immédiatement après ce mariage on parle du triomphe sur le monstre *Campé* qui signifie *courbure*, *articulation*, *jointure*, et qui indique, par conséquent, le tropique, et en me rappelant d'ailleurs tous les exemples précédents d'emprunts à la nomenclature égyptienne, je ne puis m'empêcher de ne voir dans le sens grec du mot qu'une heureuse coïncidence et de rattacher ce mot à l'égyptien Méti, *moitié*, thème d'où se sont formés les noms des décans *Tpi-s-mat* et *s-mat*. J'y suis d'autant plus porté, que *Campé* est dans le même cas et que les Grecs ont peut-être tiré de l'égyptien la signification commune même de ce mot.

En effet, le nom du premier décan du Verseau est souvent écrit, au lieu de *Siro* ou *Sisro*, *Ker-Khop-Sro* ou *Ker-Khap-Sro*. On ne trouve une forme analogue qu'au troisième décan du Cancer, *Kher-Khopti-Kenmouth*. Ce rapport exclusif me paraît indiquer une analogie de fonction, et la position des décans ne laisse guère de choix que pour une fonction relative aux tropiques. Or Khop ou Khap me semble répondre au copte Sop ou Sap, *vicis* des Latins, pour nous *retour*, *alternative*; les deux décans Sro indiquaient l'alternative initiale, le tropique austral; les deux décans *Kenmouth* la seconde alternative, le tropique boréal; en d'autres termes, Ker Khop Sro signifie *fin du tropique Sro*, et Ker Khopti Kenmouth *fin du second tropique Kenmouth*. Le mot grec *Kampé* répond donc à l'égyptien *Khap*, et le rapprochement des deux faits du mariage avec *Métis* et du triomphe sur *Kampé* dans la légende, comme des décans *Smat* et *Kap-Sro* sur les monuments ne me laisse pas de doute sur l'origine de la fable (1).

Jupiter, dans la longue suite de ses aventures amou-

(1) Je suis fort enclin à croire que c'est la confusion de *Khop* (dans la liste grecque *Kommé*) avec *Kenmou* (*Konimé*) qui a entraîné Héphestion à descendre trop les décans *Héroua* (*Rhéoué*) et *Sesmé*, ce qui a amené, depuis le premier *Sesmé* jusqu'à celui-ci, une évidente confusion. *Rhéoué* doit prendre la place de *Khontaré* après *Tpikhouit*. *Khontaré* ou *Khontar* devait être une glose en marge pour indiquer que l'un des décans de cette région était le Centaure des Grecs.

reuses, nous suggère aussi d'autres rapprochements. Un poëte grec en a résumé une partie dans ce distique concis :

> Σεὺς κύκνος, ταῦρος, σάτυρος, χρυσὸς δι' ἔρωτα
> Λήδης, Εὐρώπης, Ἀντίοπης, Δανάης.

> Fit taurus, cycnus, satyrusque, aurumque ob amorem
> Europæ, Ledes, Antiopæ, Danaes (1).

Je crois qu'il n'y a point de doute sur le sens astronomique de la métamorphose en taureau; on est donc autorisé à donner aux autres une interprétation concordante.

*Cycnus*, d'après tout ce qui précède, s'identifie facilement avec *Sor, Ser,* ou *Sro.*

*Satyrus* doit être *Sisro*. En effet, nous avons vu, dans l'acception *Bouc* ou *Bélier*, le rapport de l'égyptien *Ser* avec l'hébreu *Sair;* or ce dernier mot, par une dérivation du sens *Bouc,* signifie aussi *Satyre.* Bien que, dans les transcriptions grecques et latines, on trouve au masculin les noms *Cycnus, Hædus, Satyrus*, dans la nomenclature égyptienne les équivalents sont au féminin (2), c'est-à-dire qu'ils ont un т au commencement ou à la fin, en sorte qu'on devait prononcer le nom du dernier décan du Capricorne *Tser* et celui du premier décan du Verseau *Sitser*, ou, d'après la leçon du zodiaque de Dendera, *Siter;* n'est-ce point de là que s'est formé le mot *Satyrus?* Cette conjecture se fortifie sin-

(1) Traduction de Natalis Comes. Le poëte grec a interverti les deux premières métamorphoses pour éviter un hiatus entre la fin du premier vers et le commencement du second.

(2) Sur le zodiaque rectangulaire, l'image de *Sro* est une figure féminine.

gulièrement de la facilité d'appliquer aussi à un décan de cette région la métamorphose en or. En effet, j'ai dit que le nom de la Flèche, *Sat*, rappelle un des noms de Typhon : ce génie de l'hiver en avait un autre encore, *Noub*, qui signifie *Or*, et ce nom est en effet écrit sur l'une des bandes intermédiaires de la décoration du plafond du pronaos, à un point qui correspond à la position de la Flèche sur le zodiaque circulaire, au solstice d'hiver. Le concours de ces rapprochements me semble leur assurer une grande force de probabilité.

Enfin, à l'occasion de ce point de la sphère céleste, il est fait assez souvent mention d'une *Étable* : je rappellerai particulièrement le travail d'Hercule, qui a consisté à nettoyer l'étable d'Augias en y faisant passer l'eau du fleuve Pénée, qui était voisin. Cette idée peut avoir été suggérée par cette double circonstance : 1° rapport du mot Schair, *étable*, avec le nom de décan *Ser*, dont une des acceptions est *Bouc* ou *Bélier;* 2° facilité d'avoir déduit le nom d'homme, *Augias*, du nom commun Ghié, synonyme de *Ser* dans le sens *Bouc*, et formant, avec l'article indéfini qui souvent se soude au nom, Oughié. Mais à ces circonstances, qui n'auraient peut-être pas suffi, s'en est ajoutée une qui me paraît déterminante, c'est une image du tableau du Ramesséum au point correspondant. L'animal y est enfermé dans un compartiment carré qui a pu être naturellement considéré comme sa demeure, l'étable; et au milieu de l'aire intérieure est le symbole de l'eau donnant phonétiquement le sens que j'ai indiqué plus haut : n'est-ce pas, aussi vraisemblablement que possible, l'origine de l'idée du détournement de l'eau du fleuve? Pour faire apprécier aux yeux cette vraisemblance, je reproduis ici l'image dont il s'agit :

Si maintenant, reprenant l'ensemble des décans, nous cherchons à mettre en harmonie les points principaux que nous avons établis dans leur échelle, nous trouvons que, de PSOUSAT, placé entre les deux indications de moitié et correspondant au solstice d'hiver, jusqu'à PHOUHER, *fin des signes ascendants* et lieu du solstice d'été, on compte juste la moitié des décans, dix-huit : entre ces deux extrêmes, PHENTAHER, *en plein dans les signes ascendants*, occupe le neuvième rang, milieu de l'espace entre *Psousat* et *Phouher*, ou des signes ascendants; là commençait le printemps, jusqu'aux Gémeaux : « *Nam ab Ariete incipiens, ver ostendit* (zodiacus) *et Taurum et Geminos transiens, idem significat,* » dit Hygin. Mais le même auteur ajoute immédiatement : « *Sed jam capitibus Geminorum circulum æstivum tangere videtur;* » c'est le point correspondant à RHOMPÉ (1) que suivent immédiatement les Gé-

(1) J'ai dit qu'à *Rhompé* commence l'Olympe dont le sommet est à *Phouher* : cela explique la boutade de Sénèque dans sa satire sur la mort de Claude : « *Placet in eum severe animadverti, eumque quam primum exportari et cœlo intra dies* XXX *excedere, Olympo intra*

meaux. Puis : « *Et per Cancrum et Leonem transiens et Virginem, æstatem efficit;* » on arrive ainsi à Tom, *la clôture*, au commencement de la Vierge. Alors : « *Et rursus a Virginis extrema parte transire ad æquinoctialem circulum perspicitur. In Libra autem æquinoctium conficit, et autumnum significare incipit, ab hoc signo transiens ad Scorpium et Sagittarium.* » Cela conduit d'abord de *Tom* à Aphoso, qui correspond à *Rhompé,* puis à Tpimé, qui répond à *Phentaher*. Enfin on est dans l'hiver de *Tpimé* à Phentaher : « *Deinde protinus incurrit in hiemalem circulum et Capricorno, Aquario, Piscibus hiemem transigit.* »

### FIGURES MÉLANGÉES.

Nous sommes arrivé au point où se sont surtout rebutées les personnes qui ont tenté l'explication du zodiaque de Dendera, c'est-à-dire l'examen et l'interprétation des signes extra-zodiacaux entremêlés sur le disque circonscrit par les décans, dans le champ du médaillon. Les auteurs du monument avaient cependant pris des mesures pour en montrer, si je ne me trompe, la clef à tous les yeux ; elle apparaît dans le planisphère rectangulaire. En effet, la seconde rangée de la bande adpariétale présente les signes zodiacaux dans l'ordre régulier. Entre chacun d'eux sont les Heures, reconnaissables à leur costume féminin et à l'étoile qui surmonte leur tête. Entre chacun des signes zodiacaux on aperçoit en outre, rangées à la suite, quelquefois mo-

*diem tertium.* » Les trois jours pour sortir de l'Olympe répondent aux trois décans entre *Phouher* et *Rhompé*, les 30 pour sortir du ciel aux 30 décans entre *Phouher* et *Smat*.

difiées, mais toujours reconnaissables, plusieurs des figures entremêlées dans le médaillon du tableau circulaire. Cette répartition révèle donc les rapports respectifs de ces figures aux signes zodiacaux. L'examen attentif de ces indications fait discerner des figures relatives, 1° aux planètes, 2° aux points cardinaux et aux principaux phénomènes de la révolution annuelle, 3° à la légende théologique d'Isis, d'Osiris et d'Horus, 4° aux constellations extra-zodiacales. Je vais suivre en détail chacun de ces sujets.

## *Planètes.*

Cinq figures, sur le zodiaque circulaire de Dendera, se distinguent parce qu'elles tiennent un sceptre et sont accompagnées de groupes hiéroglyphiques, déterminés par une étoile, qui en sont probablement les noms. Elles sont placées et désignées ainsi :

| | |
|---|---|
| 1° Entre le Verseau et les Poissons. . . . . . . . | *Pineter Ti.* |
| 2° Entre les Gémeaux et le Lion, au-dessous du Cancer et à la place qu'il devrait occuper. . . . . | *Harhapschit.* |
| 3° Au-dessus du thyrse de la Vierge. . . . . . . . | *Sébek.* |
| 4° Au-devant de la Balance. . . . . . . . . . | *Harka.* |
| 5° Au-dessus du Capricorne. . . . . . . . . | *Hartoscher.* |

Les noms ou les emblèmes de ces figures sont reproduits au planisphère rectangulaire, mais d'une manière quelquefois moins distincte : je ne m'occuperai que de celles du zodiaque circulaire.

En se fondant sur le nombre de ces symboles, sur leur distinction au moyen de groupes onomastiques déterminés par une étoile, sur leurs différences de position dans le médaillon et sur chaque moitié de la bande zodiacale du planisphère rectangulaire, par conséquent sur l'indice d'un mouvement vague, enfin sur le privilége de porter un sceptre, M. Lepsius, dans son Introduction à la Chronologie, a été déterminé à établir que ce sont les Génies appelés spécialement *Rabdophores* par les Grecs, les *Planètes*. Cette importante découverte a été plus récemment confirmée dans son principe essentiel et rectifiée dans quelques détails par MM. Brugsch et de Rougé, en sorte que l'on peut aujourd'hui fixer positivement les rapports suivants :

1° Harhapschit ou Harschit. . . . . . . . . *Jupiter.*
2° Harka. . . . . . . . . . . . . . . . *Saturne.*
3° Harmakhi ou Hartoscher. . . . . . . . . *Mars.*
4° Sébek (1). . . . . . . . . . . . . . . *Mercure.*
5° Phouter ti. . . . . . . . . . . . . . *Vénus.*

Les Planètes, qui ont ici cela d'exclusivement commun avec les décans, d'être dénommées, avaient aussi, dans l'ancienne astrologie, un rapport étroit avec ces génies, en cela que successivement elles correspondaient à un tiers de Dodécatémorie zodiacale. Le rapport avait lieu comme il suit :

| | | | |
|---|---|---|---|
| 1 Lion : | *Saturne,* | *Jupiter,* | *Mars ;* |
| 2 Vierge : | (*Soleil*), | *Vénus,* | *Mercure ;* |
| 3 Balance : | (*Lune*), | *Saturne,* | *Jupiter ;* |
| 4 Scorpion : | *Mars,* | (*Soleil*), | *Vénus ;* |
| 5 Sagittaire : | *Mercure,* | (*Lune*), | *Saturne ;* |
| 6 Capricorne : | *Jupiter,* | *Mars,* | (*Soleil*) ; |
| 7 Verseau : | *Vénus,* | *Mercure,* | (*Lune*) ; |
| 8 Poissons : | *Saturne,* | *Jupiter,* | *Mars ;* |
| 9 Bélier : | *Mars,* | (*Soleil*), | *Vénus ;* |
| 10 Taureau : | *Mercure,* | (*Lune*), | *Saturne ;* |
| 11 Gémeaux : | *Jupiter,* | *Mars,* | (*Soleil*) ; |
| 12 Cancer : | *Vénus,* | *Mercure,* | (*Lune*) ; |

(1) Le nom égyptien peut se prononcer *Souk ;* or, d'après Hésychius, *Sékhès* était, chez les Babyloniens, le nom de la planète *Mercure.* Les noms de Mars et de Vénus ont été parfaitement rattachés aux traditions antiques. Pour Saturne, les auteurs disent que son nom égyptien était

Indépendammment des connexions avec les décans, les planètes en avaient avec les signes zodiacaux eux-mêmes ; ils étaient exprimés par les noms de domicile, exaltation, décadence, chute. Voici les rapports des deux premières positions, seules favorables :

| PLANÈTES. | DOMICILES. | | EXALTATIONS. |
|---|---|---|---|
| Saturne. | Capricorne. | Verseau. | Balance. |
| Jupiter. | Sagittaire. | Poissons. | Cancer. |
| Mars. | Bélier. | Scorpion. | Capricorne. |
| (Soleil). | Lion. | | Bélier. |
| Mercure. | Gémeaux. | Vierge. | Vierge. |
| Vénus. | Taureau. | Balance. | Poissons. |
| (Lune). | Cancer. | | Taureau. |

Nous trouvons ici, en attachant *Jupiter* au *Cancer* plutôt qu'aux *Gémeaux*, ce qui est aussi plus conforme au monument, les cinq *exaltations* répondant aux situations de Vénus (*Poissons*), Jupiter (*Cancer*), Mercure (*Vierge*), Mars (*Capricorne*), Saturne (*Balance*). Il est donc vraisemblable que c'est là surtout ce que l'on a eu en vue de représenter.

L'exaltation du Soleil est marquée au Bélier par

*Rhempha*, *Rhômpha*, *Réphan*. Rossi, *Etym.*, p. 174, et Akerblad, *Nouv. journ. asiat.* XIII, p. 356, ont rendu ce nom par *Céleste*, *Supérieur* (Rempé). Les notions acquises depuis ces auteurs sur l'écriture hiéroglyphique indiquent pour étymologie Rpa, *jeune*, Seb rpa nouterou, *Saturne*, *le plus jeune des dieux*. On a contesté à *Rpa*, dans ce cas, le sens *jeune*; mais, indépendamment de l'indication de Diodore, c'est l'exact équivalent de l'épithète ὁπλότατος, donnée par Hésiode à Kronos, le dernier des dieux de la première génération. Cela n'exclut pas l'acception *Chef militaire*, au contraire cette acception est confirmée par la racine du mot grec, savoir ὅπλον, *arme*. Toutefois, comme ὁπλοφορέω signifiait *garder la personne du souverain*, je crois qu'analogiquement *Rpa* s'appliquait plutôt à un garde du corps du pharaon, ou au chef des gardes du corps.

l'épervier, emblème de cet astre, placé au-dessus du cynocéphale adossé à un âne. L'exaltation de la Lune est indiquée sur le planisphère rectangulaire seulement par le globe sculpté au-dessus du Taureau.

La position des figures des planètes, qui prenaient la prééminence, explique le déplacement de quelques autres figures, entre autres du Cancer ; l'image substituée de la planète Jupiter occupe précisément la place du signe zodiacal sur le colure des tropiques, au point du solstice d'été.

Mythologiquement, les situations des planètes donnent lieu à d'intéressantes remarques. Ainsi l'on connaît les relations de Vénus avec les poissons et les colombes, et nous la voyons au signe des Poissons, dont l'un avait une tête d'hirondelle, souvent confondue avec la colombe, et dont les deux premiers décans ont pour hiéroglyphe onomastique des oiseaux. On la surnomme Epitrague, *sur le bouc,* et elle est en effet au-dessus de l'image du décan *Siro,* image qui représente un bélier-bouc. En égyptien, le nom de Vénus était Hathyr, *la demeure d'Horus ;* or, la demeure d'Horus est ici figurée, au commencement par l'épervier ou Horus, placé au-dessus du cynocéphale dont je viens de parler, à la fin, par un autre épervier placé sous les Gémeaux au sommet d'un sceptre, c'est-à-dire depuis le décan *Phent*-Her, jusqu'au décan *Phou*-Her : Vénus, ayant son exaltation aux Poissons dont *Phenther* est le dernier décan, a été pour cela nommée la demeure d'Horus. Toutefois, dans la généralité des cas, le domaine d'Horus n'est pas entendu dans une acception si restreinte ; c'est, comme le dit Plutarque, le monde visible, lumineux ; or, Vénus ayant son exaltation à la fin des Poissons et son dernier domicile à la Balance, embrassait tout cet espace et était, à ce titre aussi, la demeure d'Horus.

Quand la planète de Vénus prend, comme ici, le nom *Pnouter ti,* qui signifie au propre *Dieu du matin,* ou *de l'Orient, Phosphoros* des Grecs, *Lucifer* des Latins, il s'agit, ou du lieu de l'exaltation, comme sur le zodiaque circulaire; ou du premier domicile, qui est au Taureau; nous ne connaissons pas l'appellation qu'elle devait recevoir dans son domicile occidental, à la Balance, pour répondre à *Hespéros* ou *Vesper;* peut-être était-ce Ascherou, *obscurité, soir,* d'où l'*Aschera* des Phéniciens; on a un exemple de l'opposition des deux mots Tiau, *matin,* et Ascherou, ou Mascherou, *soir,* dans l'*Étude sur une stèle égyptienne* de M. de Rougé, *Journ. asiat.*, juin 1858, p. 524. Lorsqu'il s'agit d'une période sothiaque, la planète prend le nom de *Bennou;* c'est le Phénix.

Le nom de la planète Jupiter a été lu à tort Schopesch, *cuisse,* par Salvolini, qui y voyait, ainsi que Champollion, le titre d'une constellation, probablement la jambe de taureau sculptée à peu près au centre du médaillon. Sans m'arrêter à toutes les dénominations, j'adopte celle de M. de Rougé, Har Hap Schet ou Har-Ape-Schet; *Har* répond à l'épervier; c'est, sur le zodiaque circulaire, un titre commun à trois planètes, aux trois planètes supérieures; mais dans d'autres cas les cinq planètes, je crois, sont représentées par cinq éperviers. *Hap* ou *Ape* est un des noms des cornes. *Schet* ou *Shit* demande d'expresses explications; c'est le thème essentiel.

M. de Rougé, établissant que ce mot est susceptible de plusieurs acceptions, y voit ici celle de l'espace céleste où se meuvent les astres, comme l'*abyssus* de la Bible, et, s'appuyant sur Champollion, qui avait reconnu dans les cornes telles qu'elles sont figurées sur le monument, la signification *Guide,* il rend la formule onomastique par *Dieu guide,* ou *chef de la sphère des planètes.*

Selon moi, l'explication touche de très-près à la vérité, mais ce n'est pas la vérité complète. Le mot *Schet* ou *Schit* dont il s'agit ici est souvent déterminé par une tortue; d'autres fois, on trouve la tortue sans légende phonétique : c'est à cette détermination par la tortue qu'il faut s'attacher; *Schit,* en effet, me paraît répondre au copte memphitique Ghits, *tortue.*

On voit une tortue, sans groupe onomastique, au plafond du temple au nord d'Esné, sur un petit socle au-dessous d'un lion à emblème d'Isis sur la tête, c'est-à-dire d'un double symbole des solstices d'été pour ce tableau et de Sothis. Au plafond du Ramesséum, on trouve deux tortues avec le nom pluriel *Schitou* au point où les deux solstices, dans le reploiement circulaire de la bande des mois, se regarderaient face à face.

M. Tomlinson a signalé deux tortues sur la momie de l'archonte Sôter, dans un zodiaque où elles tiennent la place des Poissons. Sur le cercueil de Pétéménon, il y en a quatre auprès de la tête du défunt, à côté du Capricorne, déplacé d'un zodiaque peint au-dessous.

Au titre du ch. xxxvi du Rituel funéraire, on lit *Apschit,* déterminé par une tortue, comme nom d'un génie que le défunt repousse dans l'enfer. Au ch. cxlix, le troisième gardien a une tête de tortue. Au ch. lxxxiii, qui se rapporte aux esprits morts, le groupe Schitou ou Schits, sans déterminatif, est expliqué, col. 1 et 2, par un groupe équivalent déterminé par une tortue.

La concordance de rapport immédiat avec le solstice d'été sur le zodiaque de Dendera et d'Esné, surtout la corrélation avec les deux solstices au Ramesséum et au tombeau de Séti Ier qui offre la même particularité, me portent à penser qu'en premier lieu la tortue, à raison de la forme voûtée de son écaille, représentait chaque sommet solstitial de la double voûte céleste; c'est une acception semblable à celle du latin *Testudo* dans cette expression de Virgile, *En.* I, v. 489 : « *Media testudine templi.* » Les noms donnés en grec et en latin à ces deux points opposés, à savoir *Astacus* et *Styx*, en sont, si je ne me trompe, la démonstration, car ils ont une racine commune, *a*-STAC-*us*, STIC-*s*, qui me paraît le mot égyptien GHITS retourné (*Stigh*, *stix*). Ainsi, selon moi, *Har ape schit* signifie *dieu du sommet céleste supérieur* ; ou dans la bouche de Virgile : *summi regnator Olympi*. C'est le nom de la planète Jupiter dans le lieu de son exaltation, lieu qui se confond avec celui du solstice d'été et qui, à raison de cette coïncidence, a obligé à déplacer, comme je l'ai dit, le Cancer. Lorsqu'on voulait désigner la position de la planète dans un de ses domiciles, qui tous les deux étaient dans l'hémisphère austral, on ajoutait au titre précédent *Astre du midi* ou *du ciel du midi*.

Dans la doctrine théologique, ainsi que je l'ai exposé plus haut, les deux signes tropicaux étaient les portes des âmes pour entrer dans la région infernale ou du Styx, le lieu mystérieux indiqué par une des acceptions de *Schit*, et pour en sortir. Dans l'intervalle, les âmes qui ne s'étaient pas entièrement dégradées pendant leur passage dans les corps humains, étaient soumises à diverses expiations qui les purifiaient et les rendaient dignes, après un certain temps, de retourner à la lumière d'où elles étaient émanées; celles qui s'étaient rendues coupables de crimes irrémissibles étaient à toujours retenues dans le Tartare; c'était pour elles une seconde et définitive mort; elles étaient nommées *Esprits morts*. Quelques-uns des génies qui tourmentaient ces âmes et qui cherchaient même à arrêter les autres prenaient leur emblème et leur désignation de celui de la région, *Ghits* ou *Styx*, et de là les images et les dénominations qui les caractérisent dans les passages du Rituel funéraire que j'ai cités ; ce sont des applications secondaires : la signification essentielle du thème *schit* et de la figure de tortue est celle de sommet d'une voûte.

Quant aux tortues des cercueils de Sôter et de Pétéménon, tout en conservant probablement au fond un rapport avec les solstices, elles jouent sans doute un rôle spécial, relatif à quelque particularité de la vie des personnages, et analogue au déplacement exceptionnel du Capricorne sur le zodiaque de Pétéménon ; je n'ai pu pénétrer le secret de ce rôle.

M. Brugsch a regardé le groupe onomastique *Schit* caractérisé par une tortue comme l'origine du nom de décan *Sit* des listes d'Héphestion et de Firmicus. Je crois que ce que j'ai dit en parlant des décans et ce que je viens d'exposer ici fera revenir de son opinion, au prime abord si plausible, ce savant et laborieux égyptologue : j'ajouterai cependant qu'au Ramesséum, le groupe *Schitou* est tout à fait en dehors des décans.

Le nom de la planète *Mercure* SEBEK ou SOUK sur le zodiaque de Dendera, s'écrivait pleinement d'après la plus ancienne orthographe, comme M. de Rougé l'a fait observer, SEBKOU ou SOUKOU ; SEB ou SOU est le nom commun signifiant *Etoile*, *astre*, Kou, est ce qui constitue particulièrement le nom propre : ce thème me paraît le copte Kêb, *Duplex*, *duplus esse*; c'est probablement une allusion à la double nature de Mercure, c'est *Hermaphrodite*. Si on lit d'une part *Sbek* = sbk, d'autre part *Sbouk* = sbkou, on peut y voir le sens *faire aller*, *envoyer*, *déléguer*, d'où l'attribution de *Messager* de Jupiter. Au Ramesséum, le nom de la même planète est Hik ou Hiken : c'est probablement l'appellation de l'astre dans un de ses domiciles. Ce nom me paraît se rattacher à Hic dans l'acception *Divinator* et représenter expressément le grec *Hermès*.

*Saturne*, sur d'autres monuments, prend les qualifications, tantôt de planète de l'orient, tantôt de planète du couchant : cette opposition se rapporte probablement aux deux domiciles, l'un au Capricorne, à la fin des signes descendants, l'autre au Verseau, au commencement des signes ascendants.

*Mars* reçoit les mêmes titres pour une cause semblable, c'est-à-dire à raison de la situation de l'un de ses domiciles au Bélier, de l'autre au Scorpion. La correspondance de ces points aux équinoxes lui a fait donner, quand on le considère sous ce rapport, le nom *Harmakhou*, qui s'applique à l'un et à l'autre de ces points, car il signifie *Dieu du lieu de l'équilibre* (1).

(1) Le thème essentiel de la locution est *Khou*. De là, primitivement, le nom du premier décan du Taureau, choisi probablement lorsque l'équinoxe vernal tombait à ce point. Le rapport de ce nom avec celui qui signifie *mille*, *multitude*, et l'identité de la figure hiéroglyphique avec celle qui en effet signifie ordinairement *mille*, *beaucoup*, a trompé les Grecs peut-être à partir seulement du moment où la correspondance exacte avec l'équinoxe n'existait plus, et de là est venue leur traduction par Pleias, *multitude* : il est évident, en effet, d'une part, à raison du rap-

C'étaient les passages où se disputait alternativement l'empire de l'un et de l'autre hémisphère ; de là, l'attribution de la guerre au génie de cette planète. Toscher ou *le Rouge*, Pyroïs des Grecs, devait être l'appellation spéciale de la planète dans le lieu de son exaltation. Ce lieu était le Capricorne, auquel j'ai attaché le décan *Sro* correspondant à la constellation du Cygne ; or, dans la mythologie grecque, *Cycnus* était fils de *Mars* ; cette filiation s'explique par la correspondance astrologique, et, en même temps, elle prouve, je crois, que j'ai eu raison d'assigner à ce décan la place précitée ; la concordance est plus manifeste encore sur le planisphère rectangulaire, où l'image du génie de la planète est immédiatement au-dessus de l'oie, déterminatif du nom du décan et emblème de la constellation.

### *Points cardinaux et indications cosmiques.*

Prenons maintenant, pour les autres symboles astronomiques et physiques, l'ordre des signes zodiacaux.

1°. Aux Poissons, nous trouvons l'image d'un bassin plein d'eau. Elle fait le pendant d'une image semblable sculptée sous les pattes de devant d'un Lion à tête retournée, au-dessous de la Balance. Ce dernier symbole répond au décan *Aphos* ou de l'estimation de la crue des eaux ; le Lion, par son nom *Moui*, représente l'eau, *Moué*, et la direction de sa tête en arrière est une allusion à la retraite du fleuve. Le bassin est une image du

port même avec l'hiéroglyphe, que tel a été réellement le sens de *Pleïas*, et, d'une autre part, qu'il est inexact dans son application à l'astérisme dont il s'agit : mon explication donne la solution de ce double fait.

bassin réel ou puits qui servait en effet, au moyen d'une échelle formée de coudées, à mesurer la crue des eaux. L'intervalle, par la région australe, entre ce point et les Poissons où existe l'autre image de bassin, correspondait à l'état de décroissance et de plus bas niveau du Nil ; c'est ce que signifie, au Rameséum, la légende *L'eau dans la fosse, ou dans le bassin,* dont j'ai déjà parlé. Selon Théon, commentateur d'Aratus, le Verseau passait en Égypte pour produire la première intumescence du Nil, dont il soulevait les flots par le mouvement de ses pieds. On disait aussi que cette intumescence était occasionnée par les larmes d'Isis à l'époque de la mort d'Osiris, c'est-à-dire lorsque la lune arrivait pleine au Bélier. Il n'est donc pas étonnant que le bassin, qui indique la fin de l'état d'abaissement du Nil, soit placé entre ces deux signes, aux Poissons.

2°. Au Bélier, l'équinoxe vernal est indiqué par le cynocéphale assis et l'âne adossés, le premier surmonté d'un épervier. Le cynocéphale assis, selon Horapollon, I, 16, était le signe de chaque équinoxe ; l'épervier, au dire de Clément d'Alexandrie, caractérise spécialement l'équinoxe printanier à raison de l'élévation de son vol : l'âne représente Typhon vaincu par Horus. L'équinoxe proprement dit, savoir l'égalité du jour et de la nuit, a pour emblème, au-dessous du Bélier, deux personnages identiques, entre lesquels passe exactement le colure des équinoxes. C'est à tort qu'ils ont été considérés comme les Gémeaux. Peut-être, pour compléter l'allégorie, avait-on peint les visages, l'un en noir, l'autre en blanc. Dans le planisphère indien publié en 1772 dans les *Transactions philosophiques*, la même idée est rendue par l'image d'un jeune homme soutenant deux globes égaux, moitié blancs et moitié noirs.

3°. Le Lion zodiacal implique par son nom, comme je l'ai dit, une allusion à l'eau ; aussi il était l'emblème de l'inondation, et, comme il est ici debout, marchant, avec la queue allongée, il indique l'inondation dans toute sa plénitude. En même temps, par une autre concordance de son nom, savoir avec Moué, *splendeur*, il exprime l'éclat du jour à ce temps de l'année. Sous le signe zodiacal, on voit une femme debout, lançant une flèche d'un arc ; après elle une femme assise, portant un vase dans chaque main élevée. Sur le zodiaque rectangulaire, les deux figures sont debout dans une barque ; la première, au lieu d'arc, tient un sceptre ; des vases de la seconde s'écoule de l'eau. L'allusion est surtout significative sur le zodiaque circulaire : l'allégorie de la seconde figure est manifeste, c'est l'élévation des eaux débordées ; la premièrc figure, par la flèche qu'elle décoche, indique le feu qui prédomine alors dans l'air, en même temps que l'eau sur la terre.

4°. Au-dessous de la Vierge est un personnage à tête de bœuf travaillant à la terre avec une houe. La position de ce symbole, antérieure encore à celle du décan *Soukhôs,* prouve que la situation de celui-ci a été fixée à bon escient. Cependant, pour l'Egypte, cette situation, et, à plus forte raison, celle de notre personnage, si l'on s'attache positivement à l'allusion agriculturale, sont certainement trop avancées. Il me paraît vraisemblable que sous cette allusion, qui rappelle le ch. 17, liv. II d'Horapollon, et surtout à raison du nom du décan, c'est l'idée métaphysique, théologique, qu'on a voulu exprimer, savoir l'idée de la souffrance dans le monde, dont l'annonce, dans la Bible même, est formulée par la nécessité du travail et expressément de la culture de la terre; c'est le symbole de la déchéance de l'homme.

5°. Au signe suivant, le planisphère rectangulaire, au lieu du simple disque circonscrivant l'image d'un enfant qui surmonte, dans le tableau circulaire, le fléau de la Balance, offre ce disque placé sur la figure que Champollion appelait montagne solaire. C'est souvent un des emblèmes de la planète Mars dans ses domiciles; ici c'est positivement un symbole équinoxial; on doit lui donner le nom de *Makhi*, comme dans le titre de la planète, et M. Brugsch a indiqué, avec beaucoup de justesse, le rapport de ce nom avec la pondération, la balance, sur lequel je me suis déjà appuyé. De là vient que, dans les tableaux de psychostasie, on retrouve les symboles équinoxiaux, Horus, balance, cynocéphale assis. La Balance zodiacale a conservé en grec, parmi divers noms, celui de *Mokhos*, qui doit être le *Makhi*, *Maschi* des Egyptiens. Quant à l'image de montagne dont je viens de parler, c'est, dans la mythologie grecque, le nom *Chelippion*.

J'ai déjà expliqué le Lion à tête retournée couché sous la Balance. J'ai dit que c'est le symbole de la rentrée des eaux du Nil dans leur lit et de l'estimation de la crue à laquelle elles se sont élevées. Cette énonciation est justifiée par un passage de Pline, *Hist. nat.*, v, 9, en ces termes: « *Lunâ novâ quæcumque post solstitium est, sensim mediceque, Cancrum sole transeunte, abundantissime autem Leonem; et residet in Virgine, iisdem, quibus accrevit, modis: in totum autem revocatur intra ripas in Libra, ut tradit Herodotus, centesimo die.* »

6°. Au Capricorne se rapporte vraisemblablement le personnage debout, au-dessus d'une oie, qui tient d'une main l'objet caractéristique du signe ordinaire de la syllabe *sor*, un bras tenant cet objet. C'est, suivant Champollion, un chaton de palmier mâle ; il indique la dispersion (*sor*) de la poussière séminale pour féconder les fleurs femelles. Par le son, cette figure se lie à l'oie et rappelle le dernier décan du Capricorne et le premier du Verseau. Il y avait probablement quelque rapport entre ces diverses indications. Au propre, le personnage dont il s'agit doit être un symbole de la fécondation des palmiers : mais ici, la saison ne permet pas de s'arrêter à cette donnée ; mais l'emblème pouvait s'appliquer aux semailles en général, car Columelle dit qu'elles s'étendaient jusqu'au mois de décembre. Je reviendrai toutefois sur la signification de cette figure.

7°. Enfin, au-dessus de l'image du génie de la planète Vénus, on voit un personnage qui pose une de ses mains sur la tête d'un chien dressé contre lui ; je conjecture que c'est le symbole du temps de la cynégie ou de la chasse.

### *Légende théologique.*

Dans cette partie, ainsi que je l'ai annoncé, je prendrai Dupuis pour guide. Toutefois, comme le zodiaque de Dendera met le solstice d'été au Cancer et que le texte de Plutarque paraît le supposer au Lion, je tiendrai compte de la différence, en modifiant, lorsqu'il y aura lieu, les applications aux divisions zodiacales.

« Osiris est mis à mort par Typhon, son rival, génie » ennemi de la lumière. L'événement arrive sous le

» Scorpion (Balance). Typhon associe à sa conspira-
» tion une reine d'Ethiopie, laquelle, dit Plutarque,
» désigne les vents violents. Osiris descend au tombeau
» ou aux Enfers. C'est alors qu'il devient Sérapis, le
» même dieu que Pluton et qu'Esculape. »

Ceci résume ce qui concerne Osiris ou le soleil pour les six mois des signes inférieurs du zodiaque ou de l'hémisphère austral. La légende grecque, qui n'avait en vue que l'histoire mythique d'Isis, a pu se borner à ce simple exposé pour point de départ. Mais nous, qui avons annoncé l'histoire d'Osiris en même temps que celle d'Isis, nous devons rechercher sur les monuments des détails plus nombreux. Nous allons en effet les y trouver.

Le deuxième décan de la Balance, au zodiaque circulaire, est une figure d'Osiris dans les conditions énoncées par Horapollon, II, 3, ainsi que Dupuis l'a fait observer, pour exprimer le séjour du soleil entre les gonds hivernaux, savoir avec les pieds réunis et fixes. C'est l'emblème d'*Osiris Phentamenthi*, c'est-à-dire habitant l'Amenthi ou l'occident, l'enfer (*Hercule Kéramynthès* des Grecs). Cette cohésion des jambes rappelle celle de l'image de *Phta*. Or, d'un côté, selon Porphyre et Rufin, *Phta* était né d'un œuf sorti de la bouche de *Kneph;* d'un autre côté, ce dernier dieu avait pour principale attribution de présider à l'inondation : il y avait donc allusion à ce grand phénomène, et notre décan marque en effet le début de l'époque qui, en lui succédant immédiatement, semble être produit par lui. De même, Phta était quelquefois dessiné avec une tête de grenouille. C'était un autre emblème de la saison succédant au débordement; car la grenouille, qui apparaissait en nombre considérable après la retraite des eaux, et semblait naître du limon déposé par elles sur le sol, avait, entre autres significations, celle de la cessation de l'inondation et de la fertilité qui la suivait. Le rapport de Phta avec le mouvement du Nil était d'ailleurs exprimé aussi par le nilomètre que ce dieu portait habituellement.

Une allusion plus directe peut-être à l'image de ce décan se trouve dans l'ancienne tradition égyptienne racontée, au dire de Plutarque, par Eudoxe, savoir, que Jupiter était originellement incapable de marcher et que la honte de cette infirmité le portait à une vie solitaire; mais qu'Isis était parvenue à lui séparer les jambes et à le rendre très-habile à la marche.

La reine d'Ethiopie mentionnée par Plutarque était *Thouéris*, désignée en effet comme telle par la légende, qui dit qu'elle fut d'abord éprise de Typhon, mais qu'ensuite elle s'attacha à Horus et que ce dieu tua un serpent qui la poursuivait. Son nom, inscrit sur les monuments, est composé de Thou, *vent*, et d'Oer, *grand, puissant*. Dans la mythologie grecque, c'est Cassiopée qui est considérée comme reine d'Ethiopie, épouse de Céphée. Sur les monuments égyptiens, ni l'un ni l'autre de ces personnages n'apparaît; on y trouve cependant une figure portant, comme je l'ai dit, le nom de *Thouer;* elle ressemble à l'hippopotame femelle, avec des pattes de lion et un glaive, près du centre du médaillon de Dendera : là donc est la seule assimilation possible.

Près du corps gigantesque de cette déesse est une jambe de taureau. C'est une des parties dans lesquelles la légende raconte que Typhon a divisé le corps de son frère. De cette jambe semble sortir un veau, comme Bacchus de la cuisse de Jupiter. Cet emblème d'une forme si spéciale n'est pas une fantaisie de l'artiste; c'est l'enveloppe intentionnelle et théologique d'une idée profonde. En effet, M. Mariette, dans son travail si intéressant sur les Apis, et M. de Rougé, dans le Mémoire sur une stèle de la Bibliothèque impériale, ont fait ressortir la signification de la jambe de taureau comme symbole des idées, *une seconde fois, recommencer,* etc.; d'un autre côté, le veau, phonétiquement Masé, rappelle la racine Mas, Mes, Misé, *enfanter,* en sorte que l'emblème de la destruction d'Osiris comporte la pensée, la promesse de sa renaissance, et, dans une allégorie plus haute, l'image de la résurrection, de la vie nouvelle attachée à celle de la désaggrégation du corps, de la mort; le voisinage même de la déesse à corps d'hippopotame avec des pattes de lion est un élément de cette allégorie, car on peut voir, dans le Mémoire plusieurs fois cité et si remarquable de M. de Rougé sur une stèle de la bibliothèque, les preuves du rôle de cette déesse dans la conservation et l'excitation nouvelle du principe vital. Le même académicien cite ailleurs un exemple tiré de l'explication qu'il donne de la légende d'Apis, savoir : « *Apis, vie nouvelle de Phta,* » qui s'applique d'une manière remarquable à la circonstance présente et à ce que j'ai dit précédemment de Phta. Au dogme de la seconde vie pour les âmes justifiées correspondait celui de la seconde mort, ou mort définitive, de l'anéantissement, pour les crimes irrémissibles, laquelle est aussi mentionnée dans l'Apocalypse.

A Edfou, ainsi que M. Brugsch nous l'a appris, la

jambe de taureau est phonétiquement désignée par un groupe valant *Meskhet*; au Ramesséum, comme le fait observer le même auteur, la leçon est *Meskha*. Le savant Berlinois pense qu'on doit traduire ce groupe par Mes-en-Khet, copte Mesthêt, Mesthhêt, Mestenhêt, Mestnhêt, *pectus, pectorale, umbilicus, tergum*, et que le sens local est *Ombilic*, c'est-à-dire *centre du ciel*. Mais la figure dont il s'agit n'occupe ni le pôle de l'équateur, ni celui de l'écliptique; ce ne peut donc être, sous aucun rapport, un centre astronomique. Le sens véritable se déduit des thèmes coptes Schaou=hiérogl. Kha, *membrum corporis*, Schat, Schet, Schôt=hiérogl. kht, *secare, exscindere, abscindere, mactare, sacrificare, incisio, victima*, et c'est *veau* ou *taureau coupé, immolé, taureau-victime*. Cette explication, indépendamment de sa conformité expressive avec l'image, se démontre, d'un côté, par la variante *Kha*, sans cela incompréhensible; d'un autre côté, par la figure, en apparence muette, du zodiaque circulaire de Dendera, dont la composition donne et la même expression phonétique et la même signification idéographique, le *veau=mes*, le *membre d'animal*, la *jambe* ou *cuisse de taureau*, pièce principale d'une victime, =*Kha* et *Khet*. Je ne doute pas toutefois que, dans la figure de Dendera, l'image du *veau=mes*, et, dans les groupes phonétiques, cette syllabe littérale n'aient été choisies pour impliquer la pensée de naissance, de résurrection enveloppée dans le symbole. Ce démembrement du dieu symbole du soleil est un des caractères communs et, par conséquent, essentiels de plusieurs légendes hiéro-cosmologiques (1).

(1) Il est très-digne de remarque qu'en grec *Moskhos* signifie *rejeton*,

« Ce jour-là même (le jour de la mort d'Osiris), Isis » pleure son époux, et dans la cérémonie lugubre qui » tous les ans retraçait cet événement tragique, on pro- » menait en pompe un bœuf doré, couvert d'un crêpe » noir, et l'on disait que ce bœuf était l'image d'Osiris, » c'est-à-dire Apis. On y exprimait le deuil de la nature » que l'éloignement du soleil privait de sa parure, ainsi » que de la beauté du jour qui allait céder sa place au » dieu des ténèbres ou des longues nuits. On y pleurait » la retraite des eaux du Nil et la perte de tous les bien- » faits du printemps et de l'été. »

Nous avons vu déjà, au signe de la Balance, où nous sommes, le symbole de la retraite des eaux dans le Lion à tête retournée. L'image d'Osiris et d'Apis dont il est ici question me paraît être, sur le zodiaque circulaire, la figure debout derrière ce lion, avec la moitié supérieure du corps de forme humaine, coiffée de la partie blanche ou supérieure du schent, et tenant les mains levées, tandis que la moitié inférieure du corps est celle d'un taureau ou d'une vache. Apulée en fait une vache dans cette phrase de sa description de la procession d'Isis : « *Hujus vestigium continuum sequebatur Bos in erectum levata statum.* » Une représentation rapportée par M. Wilkinson, *Mat. hier.*, XXIX, l'indique comme un dieu.

« Les Egyptiens, le premier jour qui suivait cette » mort, allaient à la mer pendant la nuit. Là, ils for- » maient avec de la terre et de l'eau une image de la

*surgeon*, *bouture*, puis *veau*, et c'est avec une curieuse justesse qu'Hérodote, III, 28, désigne *Apis* par le terme *Moskhos* : ὁ μόσχος οὗτος ὁ Ἆπις καλεόμενος. D'un autre côté, le composé hiéroglyphique rappelle aussi l'expression Nemmes, *renaître*.

» lune, qu'ils paraient, et ils criaient qu'ils avaient re-
» trouvé Osiris. — La lune va désormais régler seule
» l'ordre de la nature. Tous les mois, son disque plein et
» arrondi nous présente, dans chacun des signes supé-
» rieurs, une image du soleil qu'elle n'y trouve plus, et
» dont elle tient la place pendant la nuit, sans avoir ni
» sa lumière, ni sa chaleur féconde. Elle est pleine dans
» le premier mois d'automne, au signe dans lequel, à
» l'équinoxe du printemps, Osiris avait placé le signe de
» sa fécondité. »

L'image parée de la lune restituant imparfaitement Osiris ou le Soleil est sans doute la figure assise, au-dessous de la Balance, dans une barque, avec un sceptre à la main, et dont la tête hiéracomorphe est surmontée d'un globe : ce doit être le dieu Lunus; le sceptre est l'emblème de l'empire qu'il exerce à partir de ce point. Une des bandes parallèles au zodiaque rectangulaire est consacrée à la représentation de ce règne semestriel.

D'un autre côté, à l'un et à l'autre zodiaque, les décans compétents des signes inférieurs, à partir du premier de la Vierge jusqu'au dernier du Bélier, portent alternativement sur la tête l'emblème de la pleine lune ou de la nouvelle lune. L'emblème de la pleine lune est le globe entier; cela ne demande aucune explication : celui de la nouvelle lune est la paire de cornes de bouc; cette énonciation exige quelques développements. Eusèbe, *Prép. évang.*, III, 12, dit qu'il y avait à Eléphantine une statue d'homme assis ayant une tête de chèvre et des cornes de bouc surmontées d'un globe; et il ajoute que la réunion de ces cornes de bouc à un visage de chèvre signifiait la conjonction du soleil et de la lune au Bélier. Mais nous voyons sur le zodiaque de Dendera cet emblème répété à plusieurs autres signes ; l'application exclusive à celui du Bélier doit donc être éliminée ; il ne reste que la précieuse indication de la conjonction du soleil et de la lune, et cela est conforme à la remarque d'Horapollon, I, 4, que la nouvelle lune a les extrémités de son croissant dirigées en haut. Ainsi nous avons les phases suivantes :

| | | | | | |
|---|---|---|---|---|---|
| ♍ | 1er décan | ☌ | ♑ | 1er décan | ☌ |
| | 2e | ☍ | | 3e (2) | ☍ |
| | 3e | ☌ | ♒ | 1er | ☌ |
| ♎ | 1er | ☍ | | ? (3) | ☍ |
| | 3e | ☌ | ♓ | 1er, 2e (4) | ☌ |
| ♏ | 1er (1) | ☍ | | 3e | ☍? |
| | 3e | ☌ | ♈ | 1er (5) | |
| ♐ | 2e | ☍ | | 3e | ☌ |

(1) Sur le zodiaque circulaire, la figure du décan n'a pas de globe ; mais ce décan, comme je le dirai plus tard, me paraît correspondre au personnage assis dans une barque derrière la Balance, et ce personnage, que je viens de signaler comme étant, à mon avis, le dieu Lunus lui-même, a le globe : d'ailleurs, sur le zodiaque rectangulaire, le cynocéphale, image du décan, est dans un globe.

(2) L'emblème de la pleine lune me paraît le globe gigantesque avec les huit figures d'hommes garottés au-dessus duquel sont le nom et l'image du décan.

(3) La pleine lune manque aux décans.

(4) Les deux premiers décans des Poissons portent les cornes de bélier, et le second, qui est assis comme l'indique Eusèbe, paraît, par ce caractère, se rapporter à la figure décrite par le savant évêque ; là en effet est la grande néoménie qui précédait immédiatement l'équinoxe de printemps, et c'est probablement à raison de son importance qu'on a indiqué les deux décans sous lesquels la nouvelle lune se prolongeait. Pareille distinction a lieu pour la nouvelle lune du Capricorne.

(5) Le décan n'a pas l'insigne lunaire sur le zodiaque circulaire, mais il le porte sur le planisphère rectangulaire. Cet insigne est ici spécial : il consiste en un globe embrassé dans la moitié inférieure de sa circonfé-

Il y a, en outre, une pleine lune marquée au premier décan du Cancer, domicile de cette planète.

Pour apprécier rigoureusement ces indications, il serait indispensable d'avoir une notion positive de la corrélation des décans avec les dodécatémories zodiacales : dans mon incompétence, je ne puis qu'abandonner aux astronomes les recherches de cet ordre, s'ils les trouvent dignes de leur attention.

« Le coffre qui renferme Osiris est jeté dans le Nil.
» Les Pans et les Satyres, qui habitaient aux environs de
» Chemmis, s'aperçurent les premiers de cette mort ; ils
» l'annoncèrent par leurs cris et ils répandirent partout
» le deuil et l'effroi. — Le Taureau, où répond le cône
» d'ombre de la terre désigné sous l'emblème d'un cof-
» fre ténébreux et occupé par la lune pleine (Bélier),
» avait sous lui (près de lui) le fleuve appelé le Nil, et
» au-dessus Persée, dieu de Chemmis, ainsi que la cons-
» tellation du Cocher qui porte la chèvre et ses che-
» vreaux. Cette chèvre s'appelle la femme de Pan, et
» elle fournissait à ce dieu ses attributs. »

Le coffre est la base du deuxième décan du Bélier où se trouve alors la pleine lune. Ce décan se nomme *Ket*, et, en égyptien, *Kat*, *Kot* signifie en effet *corbis*, *cophinus*. Par un double sens dont l'usage était très-fami-

rence par un croissant dont les cornes sont en haut; est-ce un symbole de nouvelle lune? Alors la pleine lune, figurée, dans tous les cas, par le globe placé sous les Poissons, n'appartiendrait qu'au dernier décan de ce signe : la pleine lune du Bélier, figurée dans le champ du médaillon par le globe orné de l'œil mystique, serait au deuxième décan. Cependant le rapport de la figure du second décan des Poissons avec celle de l'emblème de la néoménie qui précédait l'équinoxe me fait hésiter. La solution définitive sera peut-être apportée par l'astronomie, *Humeri quod ferre recusant*.

lier aux prêtres et dont nous verrons d'autres exemples, le même mot veut dire aussi *Reverti*, et il s'applique, par conséquent, à la situation inverse, au retour du soleil qui se manifestera surtout en ce point à l'équinoxe de printemps.

Le Nil est indiqué, comme je l'ai dit, par le deuxième décan du Taureau : le voisinage confirme l'explication. Au-dessus du même signe, savoir le Taureau, se trouve le dieu *Khem* ou *Pan* avec son emblème à tête de bouc, ou le Cocher portant la chèvre, comme M. Biot l'a indiqué.

« Isis voyage pour chercher le coffre qui renferme le » corps de son époux. Elle rencontre d'abord des en» fants qui avaient vu le coffre ; elle les interroge ; elle » en reçoit des renseignements et elle leur accorde le » don de la divination. »

Le voyage de la lune est indiqué figurément et phonétiquement, d'un côté par la barque dans laquelle est assis le dieu Lunus dont nous avons parlé ; d'un autre côté par celle du premier décan du Scorpion, le cynocéphale, emblème de la lune, assis dans une barque, et par son nom *Heroua* ou *Herhetoua*, c'est-à-dire : *Dans la barque* ou *en voyage*.

En ce qui concerne les révélateurs de la direction du coffre, le monument ne présente rien d'explicite ; je conjecture que ce sont les personnages à forme identique placés immédiatement après le Fleuve, parmi les décans, *Rhompé* et *Thos* : peut-être y a-t-il une allitération entre le nom du premier, et Ghôrp, *révéler, découvrir*. L'un est le dernier décan du Taureau, l'autre suit immédiatement, en sorte qu'on peut leur appliquer ce passage de Solin, xxxv : « *Pueri Apim gregatim sequun-*

*tur et repentine velut lymphatici præcinunt.* »

« Isis apprend qu'Osiris a couché, par erreur, avec sa » sœur. Elle en trouve la preuve dans une couronne qu'il » a laissée chez celle-ci. Il en était né un enfant qu'elle » cherche à l'aide de ses chiens ; elle le trouve, l'élève » et se l'attache : c'est Anubis, son fidèle gardien. »

La couronne dont il s'agit, allusion, comme l'a fait remarquer Dupuis, à la couronne boréale des constellations, est le cercle placé au-dessus de la Balance, surmonté de l'image d'un petit chien et enfermant celle d'un enfant. Cet enfant, devenu Anubis, est représenté, sous la forme d'un autre chien, au sommet de l'hémisphère, où il exerce sa surveillance.

« Isis se transporte à Byblos et se place près d'une » fontaine où elle est rencontrée par des femmes de la » cour du roi. La reine et le roi veulent la voir ; elle est » amenée à la cour et on lui propose l'emploi de nour» rice du fils du roi ; elle accepte. »

La lune est alors pleine au signe du Cancer. Le zodiaque me paraît muet sur cette partie de la légende, à moins qu'on n'ait maintenu l'indication au Lion auquel elle doit correspondre dans le récit de Plutarque, d'après son point de départ au Scorpion : dans ce cas Isis serait représentée par le premier décan du Lion, en costume féminin.

« Isis allaite l'enfant pendant la nuit, en lui présen» tant un doigt au lieu de mamelon ; elle brûle les par» ties mortelles du corps de cet enfant, puis elle se mé» tamorphose en hirondelle. On la voit s'envoler et se » placer près d'une grande colonne qui s'était formée » tout à coup à côté d'une petite tige à laquelle tenait » le coffre qui renfermait le corps de son époux. »

On voit en effet l'image de l'allaitement décrit ci-dessus à la fin de l'espace du Lion : Champollion, dans son Dictionnaire, donne à cette figure, qui reproduit exactement l'acte de la légende, le nom hiéroglyphique RNN, lequel rappelle celui de la déesse *Rannou*, protectrice du mois Pharmouthi, circonstance sur laquelle je reviendrai plus tard. Le résumé de Dupuis, en ce qui concerne la colonne, ne reproduit pas avec une suffisante exactitude les détails de la légende. Selon le texte, le coffre contenant le corps d'Osiris avait été porté par les flots, de l'une des embouchures du Nil sur la plage de Byblos, ville de Phénicie, et mollement déposé contre une bruyère ou un genêt (*Erica*) ; aussitôt et en peu de temps l'arbuste avait poussé une très-belle et très-grande branche qui, dans son développement, avait de toutes parts entouré le coffre et l'avait entièrement caché. Le roi, surpris de la hauteur de la plante, en avait fait couper la partie qui recouvrait de ses sinuosités le coffre invisible et il en avait fait le soutien d'un plafond. C'est auprès de cette colonne qu'Isis, divinement inspirée, se fixe et se lamente. Dupuis a cru que c'était une allusion au mât de la constellation du Navire. Selon moi, c'est la branche ou le tronc taillé en forme de colonne égyptienne et supportant un épervier, dans le champ du médaillon, au-dessous des Gémeaux. L'une des significations allégoriques de l'épervier était celle que le traducteur grec d'Horapollon a exprimée par *Hypsos* ; or ce mot, entre autres acceptions, signifie *faîte, cime*, et il s'applique souvent à un toit, à une voûte ; ce peut donc être un synonyme du *Stegê* de Plutarque (1).

(1) C'est, comme on le voit, la représentation de la dernière phase du miracle ; c'était la seule qui convînt au rôle que joue alors Isis, la seule,

Cette assimilation se lie à celle du roi et de la reine aux Gémeaux. Ce signe est représenté en effet sur le zodiaque sous les figures d'un homme et d'une femme. Plutarque donne au roi le nom de *Saôsis* et à la reine celui de *Nemanoun* : il traduit celui-ci en grec par *Minerve jeune*; dans ce cas, le commencement devrait être *Neth* au lieu de *Nem* (1). La figure féminine des Gémeaux, sur le zodiaque circulaire, a en effet le même costume que celle que j'indiquerai bientôt pour l'image de Neith ou Minerve. Quant au roi, le narrateur grec n'explique pas son nom; je conjecture que c'est le dieu SCHOU (*sosis*), d'après une indication de M. Lepsius, *Konigsbuch*, pl. I, III. Sur le planisphère rectangulaire, le génie mâle des Gémeaux porte en effet sur la tête la plume d'autruche, emblème de ce dieu, et Champollion, dans sa *Notice sur les monum. du musée Charles* X, p. 24, n° 424, le désigne aussi comme formant, à Esné, avec sa sœur jumelle Tafné, la constellation des Gémeaux. Lorsque la lune arrive pleine à l'horizon à la suite du Lion, les Gémeaux culminent, notre constellation du Petit Chien, représentée, selon moi, par la colonne dont il vient d'être parlé, est auprès d'eux du côté de l'Orient, et notre Baleine, dont une partie figure le coffre d'Osiris, est à l'occident, au-dessus de l'horizon.

« Isis, ayant trouvé le coffre qui contient le corps de » son époux, quitte Byblos; elle monte un vaisseau...

par conséquent, que le zodiaque eût à reproduire. Une phase antérieure est figurée dans une partie de stèle remontant à la XXII^e dynastie pharaonique sur laquelle M. Th. Devéria a publié une note fort curieuse dans le *Bull. de la Soc. imp. des Antiq. de France*, 3^e trim. 1858, p. 133 et suiv.

(1) Il y a peut-être, non un nom propre, mais confusion avec une phrase équivalente à celle que M. Devéria a rendue par *Arbre du coffre* dans la

» et dirige sa route vers Boutos où était le nourricier » d'Orus... Elle dépose à l'écart le coffre précieux ; mais » il est découvert par Typhon qui chassait au clair de » la pleine lune et qui poursuivait un porc ou un san- » glier. Il reconnaît le cadavre de son rival, et il le » coupe en autant de morceaux qu'il y avait de jours » depuis cette pleine lune jusqu'à la nouvelle. »

Le soleil arrive alors aux Poissons. La pleine lune est à la Vierge, près de la constellation du Vaisseau, en avant, et en arrière, près de la figure dont j'ai déjà parlé, celle d'un homme à tête de bœuf et se livrant à la culture de la terre, ainsi désignée, d'après Nigidius, par Servius, *Géorg.*, I, 19 : « *Sub Virginis signo, Arator, quem Oron Ægypti vocant, quod Oron Osiridis filium ab hoc educatum dicunt.* » Le chasseur Typhon me paraît être le personnage cynégète que j'ai déjà signalé comme emblème de la chasse. Il poursuit, non un porc, je crois, mais un hippopotame : c'est la figure dessinée sur une image de pleine lune au-dessous des Poissons. En effet, le retour d'Isis en Phénicie était célébré par une fête dans laquelle on offrait à la déesse des gâteaux portant l'effigie d'un hippopotame enchaîné : c'est ce que me paraît figurer le disque dont je viens de parler, lequel circonscrit une image de femme, probablement celle d'Isis, tenant un hippopotame par les pattes de derrière.

« Isis rassemble les morceaux du corps de son

note qui vient d'être citée. En effet, les Anciens paraissent avoir parlé de la même plante sous les noms *Erica* (employé par Plutarque), *Myrica* et *Tamarix*, qui semblent avoir une racine commune, *Eric*, *aric*. Or l'un des noms du Tamarix en égyptien était *Nam* : le sens complet peut donc être *Tamarix du coffre*.

» époux ; elle leur donne la sépulture et consacre le » phallus que l'on promenait aux fêtes du printemps. » C'était à cette époque que l'on célébrait l'entrée d'O- » siris dans la lune. Osiris était alors revenu des enfers » au secours d'Horus, son fils, et d'Isis, son épouse, à » qui il unit ses forces contre Typhon ou contre le chef » des ténèbres. »

La sépulture d'Osiris est probablement représentée par la figure du 2ᵉ décan des Gémeaux, laquelle consiste en un quadrilatère ou nouveau coffre surmonté d'un long serpent ou bon génie décoré de la coiffure caractéristique de ce Dieu. Ce doit être la châsse à compartiments signalée par M. Chabas, dans son Mémoire sur un hymne à Osiris, p. 19, du tirage à part, note 4. La consécration du phallus est figurée par l'image bien connue du génie du mois Tôbi, qui, dans la distribution des mois, suivie par Plutarque, tombait aux Poissons. Le nom plein de ce mois est *sef Tôbi*, et il exprime la sortie des enfers, car il signifie *Porte* (en copte SBÉ, hébr. SAF, *limen*), *ouverture du sépulcre*. C'était la porte des âmes justifiées dont j'ai déjà parlé ; aussi est-elle en rapport avec des décans dont les noms signifient *esprits, esprits purs*.

La réunion d'Osiris, après cette résurrection, avec Isis et Horus, a lieu au Bélier. « La lune, dit Dupuis, » se trouve alors en conjonction tous les mois avec le » soleil dans la partie supérieure des signes, c'est-à- » dire dans l'hémisphère où le soleil, vainqueur des ténè- » bres et de l'hiver, rapporte la lumière, l'ordre et l'har- » monie. Elle emprunte de lui la force qui va détruire les » germes du mal que Typhon, pendant l'absence d'Osiris et » durant l'hiver, a mis dans la partie boréale de la terre. »

Avant de célébrer cette réunion, on faisait une commémoration de la mort d'Osiris qui avait commencé la période. Le ch. CXII du Rituel funéraire mentionne en effet la lamentation qui avait lieu à la fin du mois correspondant, le second des fruits ou Mékhir. La vignette représente cette scène par les figures d'Isis, de Nephthys et d'Horus accroupies près du coffre funéraire. Isis a au-dessus de sa tête l'œil appelé mystique que l'on voit, sur le zodiaque circulaire, au-dessous du cynocéphale, emblème de l'équinoxe : le coffre funéraire correspond, comme je l'ai dit, à l'image du décan *Ket*. L'œil spécial dont il s'agit me paraît physiquement une image de la pleine lune qui coïncide avec le premier décan du Bélier, dépourvu ici, comme je l'ai dit, de l'insigne qu'il porte sur le planisphère rectangulaire. Mythologiquement, c'est, si je ne me trompe, un œil d'où tombe une grosse larme en marque de deuil de la mort d'Osiris ; isolé, comme ici, c'est le symbole d'Isis pleurant son frère et époux ; double, comme on le voit assez souvent sur d'autres monuments, c'est l'emblème de l'affliction des deux sœurs du dieu, Isis et Nephthys ; c'est une traduction figurative de textes divers où les deux déesses sont mentionnées comme ayant fait sur Osiris de longues lamentations : le thème phonétique qui y correspond, *Out'*, est représenté, je crois, en copte par *Ousch, Ouasch*, etc., dans le sens du latin *desiderare*, en français *regretter*. La théologie égyptienne attribuait aux larmes qu'Isis répandait à l'époque dont il s'agit ici le gonflement ultérieur du Nil.

Isis, après sa réunion à Osiris, devient mère ; c'est ce qu'exprime le nom du mois *Pharmouth* ou *Pharmouthi*.

Enfin le repos qui suit cette époque est marqué, ainsi que je l'ai dit, par la vache couchée sous le Cancer, qui indique que la déesse s'est alors identifiée avec *Sôthis*.

A partir de la réunion d'Osiris à Isis, l'empire du ciel est repris par l'astre du jour. Mais ce n'est pas Osiris qui le reprend; c'est son fils Horus. Une nouvelle période est figurée dans ce sens sur le zodiaque, période qui fait suite à celle d'Osiris par l'examen de laquelle j'ai commencé.

Ainsi, plus de signes de nouvelle et de pleine lune aux décans, excepté au premier décan du Cancer.

Dès le Bélier, Horus apparaît dans son exaltation au-dessus du cynocéphale, emblème de l'équinoxe. Aux Gémeaux, il se montre vainqueur dans la figure humaine, tenant un sceptre et couronnée de la partie supérieure du Schent, dont l'attitude (1) animée est si remarquable et fait un contraste évident avec la représentation d'Osiris au second décan de la Balance. La position de la figure directement au-dessus du coffre funéraire de son père, où le nom de la couronne portée par le serpent, Atef, signifie effectivement *Père*, rappelle que le dieu combat pour venger son père, ainsi que les textes le proclament si souvent.

Après cette scène éclatante, triomphale, le repos du dieu du jour est figuré par l'image royale assise au-dessus du Lion zodiacal, de même que celui de la lune à la Balance par l'image d'une déesse assise.

Au-dessous de ce signe sont deux figures qui se sui-

(1) Cette attitude est plus expressive encore au plafond d'une autre des salles du temple de Denderà et dans le temple d'Hathor et de Ma à Médinet Habou.

vent séparées sur le zodiaque circulaire, mais qui sont réunies dans une même barque sur le planisphère rectangulaire, ce qui indique leur connexion.

La première est *Neith* ou *Minerve,* déesse à qui, selon Horapollon, I, 11, était départi le gouvernement de l'hémisphère supérieur, tandis que celui de l'hémisphère inférieur appartenait à *Sati* ou *Junon.* C'est à la fois *Minerve* ou la *Sagesse,* attachée à Jupiter et à Bacchus dans les chants de Nonnus, et *Nikê* ou la *Victoire* célébrée par le même poëte dans la conjoncture analogue à celle de notre légende. Les attributs de cette sage et puissante divinité sont particulièrement bien rendus sur le zodiaque d'Esné ; elle y est armée d'un glaive, et peut-être est-ce l'origine de la représentation par cette arme du signe zodiacal correspondant sur les tablettes démotiques publiées par M. Brugsch.

La seconde figure est une femme assise, avec une coiffure spéciale, tenant de chaque main élevée un vase allongé. C'est, comme je l'ai dit, le symbole de la crue du Nil. La coiffure me porte à penser qu'au point de vue mythologique, il s'agit, ainsi que M. Lepsius l'a d'ailleurs énoncé, d'*Onka* (*Ank, Anoukê*), et que c'était la déesse du repos, de la cessation, d'une part, pour les habitants de l'Egypte pendant l'inondation, d'une autre

(1) M. de Bunsen, *Ægypt's place,* I, p. 382, rend ce passage en sens inverse ; mais Horapollon dit bien : « Ἀθηνᾶ μὲν τὸ ἄνω του οὐρανου ἡμισφαίριον ἀπειληφένα, τὸ δὲ κάτω Ἥρα. » Cela est d'accord avee Nonnus qui met Junon en hostilité avec Bacchus, tandis que Minerve le seconde, et avec le texte d'un papyrus égyptien que le savant prussien cite lui-même, p. 419, en ces termes : « Isis is said the Neith of the upper and the Ma of the lower Egypt. » Le fait est toutefois que les deux déesses sont souvent représentées avec les mêmes attributs et comme présidant, l'une et l'autre, tantôt à l'hémisphère supérieur, tantôt à l'inférieur, ou aux deux hémisphères.

part et surtout pour Horus ou le soleil arrivé au faîte de son ascension; c'est l'idée que Nonnus rend par l'engendrement de *Télété* ou *la Fin*, résultant de l'union de Bacchus et de *Niké*. Le nom *Ank* répond au copte Kên, *cesser, se reposer;* la métathèse des deux consonnes est analogue à celle du baschmourique Keeni, *chose, affaire*, comparé au thébain Nka, au memphitique Enkhai. L'identité mythologique et la signification lexique me semblent en outre ressortir de cette double considération : en premier lieu, les Thébains de Grèce avaient le culte d'*Onka* et ils assimilaient cette déesse à Minerve; comme le rapport à l'inondation n'avait point chez eux d'application, l'assimilation à Minerve est probablement résultée de l'union d'*Onka* à *Neith* sur les monuments égyptiens tels que ceux dont nous nous occupons et plus particulièrement dans un spéos de Panopolis (Leps. Abth. III, Bl. cxiv, 4), où les noms des deux déesses correspondent à une seule image avec la coiffure d'*Onka* : en second lieu, en Egypte même, Onka était assimilée à *Nephthys* (Voy. Wilkinson, *Mat. hier.*, xxiv, B), et la signification de cette dernière déesse était *extrémité, fin, terme*. La traduction d'*Anukis* par *Vesta* dans une inscription grecque d'Eléphantine convient mieux encore à *Nephthys*, dont le nom, au propre, veut dire *Maîtresse de la demeure*. Nous avons vu précédemment que Vesta, sous une double forme, était en effet la déesse des pôles, des solstices. On célébrait en juin, à Rome, les fêtes de *Vesta* et de *Vacuna*, la déesse du repos : ces divinités étaient associées comme dans la mythologie égyptienne, et Ovide, *Fastes*, vi, 307-308, les réunit dans une même forme de culte.

Le dieu du jour, après sa victoire, poursuit sa carrière sans trouble, en la semant de bienfaits, jusqu'au moment où, arrivé à l'équinoxe automnal, il recommence le cycle. Cette marche paisible, qui coïncide d'ailleurs avec le repos des habitants pendant le débordement, n'est marquée par aucun tableau.

### *Constellations extra-zodiacales.*

J'ai annoncé aux pages 62 et 63 que l'on pouvait rattacher l'explication des figures disséminées, sans ordre apparent, sur le champ du médaillon aux chefs suivants : 1° Planètes, 2° Points cardinaux et phénomènes cosmiques, 3° Légende théologique d'Isis, d'Osiris et d'Horus, 4° Constellations extra-zodiacales. Je crois avoir suffisamment développé les trois premiers points. A l'occasion de ces sujets et précédemment à l'occasion des décans, j'ai pu mettre en relief quelques aperçus qui se lient au quatrième chef; mais ce n'a été que d'une manière incidente : la question doit être prise maintenant à un point de vue d'ensemble et traitée aussi complétement que possible. C'est ce que je vais essayer de faire.

Une des objections que l'on a opposées à l'opinion que le fond du zodiaque de Dendera est intentionnellement astrographique, c'est l'impossibilité d'y trouver, à l'exception des signes zodiacaux, les figures des astérismes usitées sur la sphère grecque. Mais on a, dans ce cas, oublié cette formelle déclaration d'Ach. Tatius à la fin de son *Isagoge* : « Parmi les diverses » nations on trouve des noms différents pour les étoiles. » Dans la sphère égyptienne, les configurations et les

» noms des astérismes ne comprennent ni le Dragon, » ni les Ourses, ni Céphée, mais ces constellations sont » représentées par d'autres simulacres et d'autres » appellations. » Les différences d'images ne doivent donc pas nous empêcher de rechercher une signification astrographique à celles du zodiaque de Dendera (1). J'espère y réussir dans l'examen auquel je vais me livrer, et, chose remarquable, ici encore, nonobstant ces différences matérielles, je trouverai, si je ne me fais illusion, les origines de plusieurs fables grecques.

1°. Le Chien ou chacal fixé, comme M. Biot l'a prouvé, au pôle de l'équateur, a été reconnu pour l'équivalent de la *Petite Ourse*. On saisit une réminiscence de cette figure dans le nom grec CYNOSURA, *queue du chien*, ou mieux, je pense, *Garde du chien* : c'est Anubis gardien de l'hémisphère supérieur. Je l'ai attaché, à raison de son nom composé, au second décan de la Balance; cependant, sur le zodiaque rectangulaire, il suit le Scorpion. Peut-être la combinaison des éléments hiéroglyphiques de la figure justifierait-elle plutôt la transcription phonétique *Siouamé* ; ce serait alors le dernier décan du Scorpion, et *Sechmou* devrait être porté au commencement du Sagittaire : la liste serait ainsi complète. Quoi qu'il en soit, on retrouve encore un souvenir de l'image du Chien dans la fable grecque du Chien de Callisto, qui elle-même était notre Grande Ourse.

(1) En exposant, comme je vais le faire, le résultat de mon examen à cet égard, j'aurai souvent le précieux avantage de me trouver d'accord avec les énonciations astronomiquement déduites par M. Biot; il serait difficile d'exprimer chaque fois cette concordance; je prie le lecteur d'y suppléer en suivant mes indications sur la planche publiée par l'éminent et vénéré professeur.

2°. Cette *Grande Ourse*, sur le zodiaque circulaire, est la jambe de taureau, à laquelle adhère un petit veau, à côté de l'image de chien dont je viens de parler. MM. Lepsius et Brugsch ont rapporté à cette figure le passage du Rituel funéraire, XVII, 35, où est mentionnée *la cuisse* (SCHOPESCH) *du ciel boréal* (1). Cependant la figure du zodiaque n'est pas une cuisse, c'est une jambe, et il y avait entre les deux parties une grande différence, autant sous le rapport phonétique que sous le rapport tropique. Je crois que la cuisse est une allusion aux constellations solstitiales désignées par le titre *Khop*, titre déterminé aussi par une cuisse, mais d'une autre forme. La qualification spéciale de *cuisse du ciel boréal* indique précisément une dualité ; c'est KHOPTI, *vicis altera*, ou la fin de la vache placée sous le Cancer et dont le commencement ou la tête porte la grande étoile *Sôthis;* aussi Zoëga, cité par M. Peyron dans son Dictionnaire, mentionne-t-il une étoile *Schôpesch* unie à celle du Chien, c'est-à-dire, en ancien égyptien, à celle de *Sôthis*.

3°. L'Hippopotame femelle, armée d'un glaive, dont l'épaule répond au pôle de l'Ecliptique, remplace le *Dragon du pôle*. L'un des noms égyptiens de l'animal, sans glaive ni accessoire analogue, est *Ap*, avec l'article féminin *Ap-t*. Le glaive, sur d'autres monuments, est souvent remplacé par une figure que M. de Rougé regarde comme une espèce de nœud (2) et dont une des valeurs phonétiques est s. Le glaive, qui a incontesta-

(1) Champollion et Salvolini avait aussi fait ce rapprochement ; mais ils ne définissaient pas la constellation : ce n'était pas pour eux la Grande Ourse, car ils voyaient celle-ci dans l'hippopotame voisin du pôle.

(2) Je reviendrai sur ce point dans la seconde partie du mémoire.



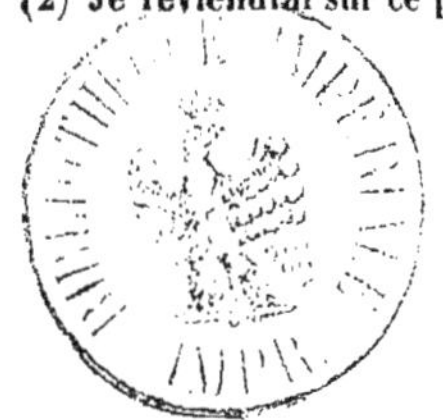

blement, dans le nom du décan *Ket*, la valeur K (copte, SCHET, *secare, amputare, exscindere*), prend aussi en d'autres circonstances celle de S (SÉBÉ, SÉPHÉ, SÉPHI, *gladius*). Sa solidarité avec la figure que je viens de citer dans l'annexion à l'image de la déesse *Ap* prouve que l'un et l'autre accessoire a ici la valeur S; jointe à *Ap*, cette valeur donne *Aps*: c'est le nom du premier décan de la Balance; la faculté d'ajouter l'article T explique la forme orthographique de plusieurs monuments *Aps-t* ou *Aphs-t*, qui n'existe pas sur le zodiaque de Dendera. On se rappellera peut-être que j'ai déjà donné à cette déesse le nom THOUER, *grand vent*; cette première appellation n'exclut pas la nouvelle; en effet, diverses divinités ont plusieurs noms ou qualifications, dont l'application variait suivant le point de vue auquel on les envisageait; les monuments donnent positivement à celle dont il s'agit ici les deux noms précédents; mais elle recevait encore celui de *Riret* dans des conditions semblables à celle où lui était d'autres fois donné celui d'*Ap-t*; une autre divinité qui lui est souvent associée dans ces conditions porte les noms de *Bes* et *Hit*. Plutarque d'ailleurs dit lui-même que la reine d'Ethiopie, outre le nom *Thouer*, en avait un autre, *Aso*, et celui-ci n'est-il pas très-vraisemblablement une altération ou une contraction d'*Aphoso*?

4° *Céphée* et *Cassiopée* ont en partie pour équivalents le groupe du singe surmonté d'un épervier, adossé à un âne, et l'œil mystique. Ainsi, pour le premier groupe, on a fait concourir la figure orthographique avec le symbole de l'équinoxe vernal, et l'œil mystique corrélativement a réuni à l'emblème d'une constellation celui de la pleine lune en conjonction avec cette constellation : Aratus associe aussi l'idée de Cassiopée à celle de plénitude lunaire dans ce vers : Νυκτὶ φαινομένη παμμηνιδι Κασσιέπεια.

Le singe à longue queue, tel que celui du zodiaque, était appelé en égyptien *Keph ;* de là en grec *Képhos, Képos, Kébos,* signifiant aussi *singe* et particulièrement *singe à longue queue* (1) : c'est l'origine du nom de Képhée transformé en roi d'Éthiopie parce que cette espèce de singe se trouvait en Éthiopie.

Quant à l'œil mystique, il a un rapport idéologique avec *Cassiopée* dans une commune expression de deuil, de regret, de larmes, ainsi qu'on le voit par ce passage d'Aratus traduit par Cicéron :

> *Labitur illa simul gnatam lacrymosa requirens*
> *Cassiopeia.....*

5°. *Andromède* est ici un personnage mâle, comme

(1) Ce nom existe aussi, non-seulement dans les langues sémitiques, mais dans le sanscrit. Je profite de l'occasion pour m'expliquer au sujet des rapports indiqués entre divers mots égyptiens et des mots grecs ou latins que l'on rattache plus spécialement au sanscrit. Sans être en mesure de me prononcer sur les relations primitives de l'Egypte, de l'Inde et de la Grèce, je suis convaincu que la première de ces contrées, même en ce qui concerne la langue, n'est pas restée aussi isolée des deux autres que plusieurs auteurs le proclament ; je crois particulièrement à son action sur l'idiome comme sur la civilisation de la Grèce, et, d'un autre côté, à de nombreuses analogies aussi, sous ce double rapport, avec l'Inde antique. Je ne puis m'empêcher de faire remarquer que, dans les langues sémitiques, le même thème, avec une simple variation de la voyelle, *Kouph, Kaph,* signifie *Vertit, mutavit, circuivit ;* il est expressément employé pour exprimer la révolution de l'année : le rapport avec la circonstance astronomique du jour de l'équinoxe printanier me paraît trop direct pour ne pas y voir l'origine de l'emblème homonymique. En égyptien, le rapport se reproduit au moyen de *Khop*, que nous avons vu sur quelques monuments appliqué avec le même sens, non à la vérité aux équinoxes, mais aux tropiques solstitiaux : l'application a varié suivant que l'on a attaché plus d'importance à l'une ou l'autre des conversions cardinales.

dans la fable d'Antoninus Liberalis sur Britomartis, et la circonstance qu'il a auprès de lui un quadrupède sur la tête duquel il pose une main semble donner raison à Phornutus, qui, suivant une note de Thom. Muncker, pensait que la nymphe avait pris le nom Dictynna, non de filets de pêcheur sous lesquels elle aurait été cachée pour échapper à la poursuite de Minos, mais de filets de chasseur. J'ai dit que je regardais mythologiquement cette figure comme celle de Typhon : l'animal dressé contre lui me paraît, dans cette attitude, ne pouvoir être qu'un chien, symbole de la chasse, mais un chien qu'on a eu soin de dessiner autrement que le fidèle gardien d'Osiris et d'Isis : aussi c'est là, selon moi, le chien de Typhon ; celui qui est au centre du médaillon, avec la forme d'Anubis, ne pouvait recevoir ce nom néfaste.

6°. Au lieu du *Cocher*, on voit, ainsi que M. Biot l'a établi, une petite figure humaine avec deux longues plumes sur la tête, tenant un sceptre terminé en haut par une tête de bélier-bouc. Cette tête me paraît celle de Neph, Nouph (Kneph), *le Bon*, en sorte que l'effigie entière me semble, si je ne suis pas trop téméraire en abordant partiellement ce sujet, celle de la constellation nommée Fai-Nouphé, Fai-Neph, *Porte-Kneph*, ou *Porte-Bonheur*, dans les listes de levers de planètes de Thèbes : c'est le *Bonum numen* porteur de l'étoile de la *Chèvre*, qui a été longtemps appelée, sur d'anciennes sphères, *Felix sidus* et que Dupuis regarde comme l'objet du culte de la *Bonne déesse* à Rome. Peut-être ce *Fainouph* est-il l'origine du latin *Faunus*, père de la Bonne déesse ?

7°. Le *Bélier*, élevé au-dessus de la place qu'il occupe sur la sphère grecque, comprend dans sa configuration les étoiles du *Deltoton*, et quelques-unes de celles de *Persée* ainsi que de son propre astérisme sur la sphère grecque. Les autres étoiles de cet astérisme sont reportées sur les deux personnages rhabdophores placés au-dessous, lesquels en même temps représentent la tête de la *Baleine* : les autres parties du monstre marin sont remplacées, d'une part, par le coffre du décan *Ket*, qui est le second quadrilatère de notre Baleine ou ζ τ η θ, et, d'une autre part, par la base du décan voisin, *Siket*, qui correspond aux étoiles ε π ρ ς. C'est, comme je l'ai dit, la partie essentielle des noms de ces décans, *Ket*, qui a suggéré à l'imagination des Grecs l'idée de figurer un monstre marin, *Kétos*, et de broder sur ce nom et cette figure la légende d'Andromède et de Persée.

Les deux personnages précités, réserves toujours faites pour la question astronomique, c'est-à-dire la question décisive, me paraissent être *les serviteurs du commencement de Mnat* des listes de Thèbes. Parmi les décans du tombeau de Ramsès IV, tombeau auquel l'une de ces listes appartient, on voit, col. 28 de M. Lepsius, *les deux serviteurs*... ; les figures donnant ce sens sont suivies de deux béliers ; c'est probablement le complément de la dénomination, *les deux serviteurs du Bélier* ou *de Mnat ;* ce décan remplace *Ket* des autres listes, c'est-à-dire le second décan du Bélier. Aujourd'hui encore on nomme Ministres du Bélier, *Sarthan* ou *Mesarthim* des Arabes (1), deux étoiles brillantes de la tête de cette constellation.

Le groupe hiéroglyphique *Mnat* est suivi du déter-

(1) De même Her Het Mnat, le *milieu de Mnat*, doit être El Beten el Hamel, *le ventre du Bélier*.

minatif des animaux quadrupèdes (une portion de peau avec la queue), et il a été vaguement traduit *un quadrupède* par Champollion, MM. Lepsius et de Rougé. *Mena* se trouve employé dans la langue sacrée comme nom du *Taureau*; c'est en particulier la forme originale du nom du Taureau divin *Mnévis* (1). Il désigne dans ce cas un animal qui paît, de MANOU, MAANI, MONI, MOONE, *Pascere*, *pasci*, *mandere*. C'est ce genre d'animaux, les animaux de pâturage, que caractérise le déterminatif que je viens de citer. Sur les tablettes de M. Brugsch, ce déterminatif seul, devenu ainsi idéographique, indique le signe zodiacal du Bélier; on ne pourrait, je crois, le rendre que par *Mna* : il semble qu'on en retrouve la transcription dans le grec Ἀμνος, *Agneau*.

Le T final peut indiquer le féminin, et cela ne contrarierait en rien mon assimilation. Mais, quelle que soit la force de l'apparence, je ne crois pas qu'il en soit réellement ainsi. Le T s'ajoute assez souvent comme paragogique à la fin des mots coptes : je pense qu'on a profité de cette faculté pour attacher au thème un sens symbolique, celui de *Portier*, MNOUT, propre à caractériser le signe zodiacal placé à la porte de la période lumineuse de l'année; en effet, sur le registre du pronaos où est dessinée la marche processionnelle du soleil dans l'hémisphère supérieur, une porte indique le point de l'équinoxe vernal, et à Esné, dans le zodiaque du temple septentrional, il n'y a point de portes aux endroits correspondants des deux registres, mais le mot MNT y est écrit : à la vérité, il dénomme ici deux images de déesses; le féminin est incontestable. Je le répète, cette particu-

(1) De là le nom de la mythologie grecque *Minos*, dont la légende présente tant de rapports avec le Taureau.

larité n'altère point le fond de mon assertion ; il est évident que ce mot répond à l'emblème de l'équinoxe printanier, et c'est pour moi le principal, puisque cet emblème, sur le zodiaque de Dendera, est le Bélier. La même forme a pu être attribuée au masculin et au féminin, suivant qu'on l'appliquait, d'un côté, au Bélier, signe zodiacal, d'un autre à une image de déesse protectrice du mois. Ainsi le dieu MNT, *Mandou* ou *Mentou*, dont les attributs s'identifient avec ceux d'*Arès* ou de *Mars* dans les mythologies grecque et latine, tire ce nom de sa corrélation avec le Bélier où il avait l'un de ses domiciles, et la forme orthographique est, dans ces divers cas, identique. Mars a donné son nom au mois correspondant dans le calendrier latin comme *Mentou* ou *Mnat* sur le zodiaque d'Esné.

On lit dans Cédrénus : « Le premier jour du » premier mois est le premier du mois Nisan ; il répond » au 25 de mars des Romains et au mois Phaménot des » Egyptiens. » On doit, je pense, reconnaître que ce nom *Pha-ménot* répond précisément à notre dénomination du Bélier et en dérive ; c'est le mois *appartenant à Ménot*, ou *Mnat*, au Bélier, signe du mois de mars.

8°. La petite image d'*Horus assis*, emblème du repos solstitial, au-dessus du Lion zodiacal, répond à la constellation qu'on a depuis reproduite sous le titre de *Petit Lion*.

9°. Au *Bootès* ou *Arcas* doit être rapporté, nonobstant sa position, l'agriculteur sculpté, avec une tête de taureau, au-dessous de la Vierge. L'abaissement de la figure a été amené par la représentation, au lieu qu'elle devrait occuper, de celle du génie de la planète Mercure qui a son exaltation à la Vierge, de même que l'image de la planète Jupiter tient la place du Cancer, qui est aussi le siége de son exaltation. La substitution de *Mercure* à *Arcas* explique pourquoi, dans Stace, III, *Sylv.* III, 80, le premier de ces génies prend le nom du second :

> *Summi Jovis aliger Arcas*
> *Nuntius.....*

Il y a identification du nom de la planète avec celui de la constellation comme dans Schit (Jupiter-planète), et *a*-Stac-*us* (signe zodiacal), ainsi que dans MNT, *Mars* et *Bélier* zodiacal.

La concordance du nom *Arcas* avec le rôle de *gardien* (Arctophylax), donné à l'astérisme dans la mythologie grecque, vient de l'égyptien Aredj, *terme, limite, frontière, lieu de surveillance*, Arch, *garder, surveiller*.

L'emblème agricultural, qui paraît ici hors de saison, a déjà fixé notre attention. On pourrait être porté à y voir la révélation d'une influence étrangère. Cependant il est remarquable que Servius attribue cette figure expressément aux Egyptiens. Je persiste à y voir plutôt un symbole métaphysique.

10°. La *Couronne* boréale est, ainsi que je l'ai dit, le cercle, circonscrivant l'image d'un enfant, placé au-dessus de la Balance au zodiaque circulaire, au-dessous du même signe au planisphère rectangulaire. Posé, dans ce dernier tableau, au centre de la figure nommée par Champollion, *Montagne solaire*, il concourt, comme M. Brugsch l'a fait ingénieusement remarquer, à la désignation de l'équinoxe automnal. Il représente en outre, en même temps que la constellation, la nouvelle lune. Il est très-remarquable que Dupuis, par le simple raisonnement, soit arrivé à une conclusion tout à fait en accord avec la dernière indication, lorsqu'il a dit :

« Tout s'accorde à prouver que Proserpine est la constellation de la Couronne boréale ou d'Ariadne, ou au moins qu'elle est la lune pleine ou nouvelle dans la Balance, en conjonction avec la couronne d'Ariadne; car il a existé pour la lune la même confusion que pour le soleil; on a donné souvent son nom à la constellation qui lui prêtait ses attributs. »

L'assimilation à Perséphoné ou Proserpine donne lieu à des réflexions d'un autre ordre. Le tableau du temple au nord d'Esné présente, sous le Taureau, la momie d'Osiris étendue sur une Bari; entre elle et le Taureau sont successivement superposés le groupe des sept étoiles des Pléiades, le double œil mystique, puis une couronne d'étoiles qui ne peut être que la Couronne boréale : ce sont les paranatellons du Scorpion à l'équinoxe d'automne au moment de la mort d'Osiris, ou réciproquement ceux du Taureau au moment de la commémoration printanière. On ne peut s'empêcher de comparer, dans cette scène funéraire, la couronne stellaire à la couronne sculptée sur les tombeaux humains : il doit y avoir analogie de symbolisme, car je suis convaincu que les anciens n'empruntaient jamais ou empruntaient bien rarement à la fantaisie les détails des décorations monumentales, surtout des décorations sacrées, et quelles décorations étaient plus sacrées que celles des tombeaux? Cela me semble surtout ne pouvoir être de la couronne, qui se montre si souvent sur les cippes sépulcraux. Le symbolisme me paraît se déduire du rapport de la Couronne boréale avec Perséphoné : en effet, Orphée, dans l'hymne à cette divinité, lui dit : « Tu es, dans ta personne unique, la vie et la mort pour les humains accablés de peines; ton nom Phersèphoné l'annoncé avec raison, tu produis et détruis tout. » C'est à ce double pouvoir qu'il était fait allusion par la couronne aux yeux des initiés ; c'est une invocation à ce pouvoir, en vue de la résurrection, qu'elle devait leur inspirer ; c'est une nouvelle expression de cette pensée que nous avons déjà vue envelopper de tant de manières le mythe de la mort d'Osiris, type de la mort de l'homme. Et mon assertion n'est pas une supposition. Examinez dans son ensemble ce brillant tableau d'Esné ; contemplez, à côté de la scène de deuil précédemment exposée et lui faisant pendant au centre de la représentation, Osiris ressuscité sous la forme d'Horus ou Orion, et dans toute l'animation d'une vie juvénile ; cette image est si bien, avec la corrélative, l'objet essentiel du tableau, qu'elle a pris la place des Gémeaux, descendus parmi les décans.

11°. L'*ingéniculus* et le *serpentaire* sont remplacés par le dieu *Lunus* assis dans une barque, la petite figure assise au-dessus du Petit Chien ou chacal qui touche à la Couronne, et ce Petit Chien lui-même. Le dieu est *Khons Lunus ; Khons* était l'*Héraclès* des Grecs, l'*Hercule* des Romains, et de là, sous une configuration modifiée, l'*Hercule agenouillé* ou *ingéniculus*. D'un autre côté, c'est à ce dieu *Lunus* dans une barque que répond, comme je l'ai dit, le décan en forme de cynocéphale assis aussi dans une barque qui a pour nom *Héroua*. Ce nom, composé de *Her*, préposition, et de *Oua* signifiant *Bateau, barque*, peut se lire aussi *Herba, Her ba*, car la barque se dit *Ba* et *Oua* : on retrouve l'écho de la première prononciation dans *Ereg*-BOUO de Firmicus et dans *Ere*-BIOU de Celse. Or, nous savons, par les exemples de *T-pikhou*, *T-*

*pibiou*, *P-ahou* ou *Ph-ahou*, que les articles, sans être écrits, pouvaient être et étaient ajoutés à la lecture : on peut donc dire P-HERBA, PHERBA, *Le dans la barque*, *Le navigateur*, et ce doit être l'origine du nom de la mythologie grecque *Phorbas*, qu'Hygin, l. II, à l'article *Ophiucus*, donne à un personnage, génie protecteur de la navigation, lequel, après avoir délivré l'île *Ophiuse* des serpents qui l'infestaient, fut par Apollon placé parmi les astres et était regardé comme le *Serpentaire*.

12°. A la *Couronne australe* on doit substituer la *petite Barque*, sur laquelle posent les deux pieds de devant du Sagittaire. C'est à elle probablement qu'Eratosthène fait allusion, lorsqu'il dit, c. 28, que le vaisseau du Sagittaire prouve que ce signe zodiacal était considéré comme exerçant de l'influence, non-seulement sur la terre, mais aussi sur la mer. J. Scaliger s'étonne qu'Aratus, qui connaissait la Couronne australe, puisqu'il la désigne indirectement en quelques passages, ne la décrive point cependant parmi les constellations : le poëte avait probablement sous les yeux un planisphère semblable, en ce point, au zodiaque de Dendera, et il a confondu pareillement l'astérisme de la Couronne avec celui du signe zodiacal.

13°. Le personnage portant un chaton de palmier, derrière Khons-Lunus, tient la place de notre *Lyre*. Je me suis déjà occupé de cette image et je me suis engagé à revenir sur sa signification. Ainsi que je l'ai dit, elle implique les idées comprises dans le thème *Sor* ou *Ser*; mais elle représente plus expressément, je crois, le mois *Tôbi* dont le génie est souvent ainsi figuré. Le nom plein est, comme je l'ai dit aussi, *Sebtôb* ou

*Seftôb*. J'en ai déjà donné une explication ; mais c'était une pratique assez familière aux hiérogrammates égyptiens, surtout dans les matières semblables à celle-ci, d'employer des termes fournissant divers sens applicables à l'idée fondamentale, et l'habileté de la mythologie a été de broder des légendes différentes sur ces acceptions variées. Les deux parties de ce nom ont été souvent disjointes, employées isolément ; ainsi *Tôbi* a été le nom vulgaire du mois, et sur les monuments ce nom est souvent écrit *Sef* ou *Seb* seulement. *Seb*, avec des variantes orthographiques, est le nom du génie de la planète qui avait un de ses domiciles dans le signe zodiacal correspondant, le *Kronos* des Grecs et le *Saturne* des Latins. *Seb* ou *Séou* signifie *Temps*, l'attribution la plus générale de Saturne. *Sbe* veut dire *Porte*, et c'est une allusion convenable à la demeure du dieu, ainsi qu'à la position du mois sur les confins de l'année qui finit et de celle qui commence ; Sbbe, Soube, Sebi, *couper*, s'y rattachent, car c'est une manière énergique d'exprimer la séparation, l'intersection des deux périodes. De cette dernière acception sont sorties les diverses légendes de mutilation, de castration attribuées aux dieux qui se sont tour à tour disputé, enlevé en ce point l'empire du ciel. C'est là aussi, si je ne me trompe, et non dans une vue hygiénique, l'origine de la circoncision. En effet, telle fut, sur l'esprit de dévots fanatiques, l'impression des cérémonies pratiquées à cette époque et rappelant les mutilations dont je viens de parler, que souvent, ainsi qu'on le voyait particulièrement chez les prêtres d'Atys, ils se mutilaient eux-mêmes, ils se privaient complétement des organes générateurs ; la circoncision, que notre calendrier marque encore au premier janvier, a été, je n'en doute pas, imaginée comme substitution à la castration; elle a eu pour but et pour effet de mitiger en ce point le culte, comme on a adouci les sacrifices sanglants en immolant des animaux au lieu d'hommes. Quoi qu'il en soit, *Sboou, Sboue* signifiait encore *ruse, astuce,* et l'une des qualifications propres à Saturne, qui lui est expressément donnée par Orphée dans une de ses hymnes, c'est celle de *Rusé*. Enfin, dans le sens *Ludere, illudere, irridere, deridere* donné à *Sôbé, Sôbi,* on voit l'origine des *Saturnales*. Quant à *Tôbi,* je n'ajouterai à la signification que j'ai déjà invoquée, que celle de *pierre, brique;* on sait, en effet, combien l'idée de *pierre* revient souvent dans les allusions mythologiques à cette partie de l'année, et en particulier l'avalement si célèbre de pierres par Saturne n'est qu'une traduction, à un point de vue spécial, de la dénomination pleine du mois, ou des deux éléments de *Sebtôbi,* savoir : Sob, Sou, *avaler,* et Tôbi, *pierre*. C'est ainsi que Jupiter, à son tour, avale *Mêtis,* ou la borne indiquant en ce point le partage de la zone zodiacale.

Le personnage astrographique dont le nom a suscité ces remarques correspond au Capricorne : cette position dénote une distribution des noms de mois, conforme à celle de la fixation adoptée à Alexandrie, l'an 20 de l'ère julienne ou —26 de notre ère. Tôbi courait du 27 décembre du calendrier romain au 26 janvier; il commençait donc au solstice d'hiver, et la position de la figure est d'accord avec cette donnée.

14°. Au-dessous de cette figure est une *oie* qui me paraît remplacer le *bouquet de pommes* que tient de sa main gauche, sur notre sphère, Hercule agenouillé.

15°. Le *Cygne* est probablement remplacé par l'image du père de Cycnus, celle du génie de la planète *Mars*.

16°. L'*animal décapité*, près de la tête du Verseau, semble correspondre à l'*Aigle*.

17°. Le *Bassin* renfermant trois lignes ondulées est substitué au carré de *Pégase*. Le reste de cet astérisme et probablement le *Dauphin*, sont, si je ne me trompe, remplacés par l'image du génie de la planète Vénus. Dupuis, t. II, p. 485, établit, entre le Pégase et le Centaure de la sphère grecque, ce rapprochement : « Il serait aisé de faire remarquer que le Pégase, qui n'a du cheval que la tête et le poitrail, et le Centaure, qui n'a du cheval que le corps, sont un démembrement du même cheval, et qu'ils sont toujours à l'horizon ensemble et en opposition, car le lever de l'un fait toujours coucher l'autre, et réciproquement. De là vient la fable qui suppose que le Pégase, sous le nom de Ménalippe, est fils du Centaure. » Ce rapport se trouve exprimé sur le zodiaque circulaire par la concordance que j'ai signalée entre le bassin des Poissons et celui du Lion à tête retournée.

18°. Le *Poisson solitaire* est aux pieds du Verseau, mais dans une direction opposée à celle qu'il a sur notre sphère. Cette constellation est en rapport étroit, non-seulement avec le Capricorne et le Verseau, mais aussi avec les Poissons zodiacaux qui étaient considérés comme émanés de lui. C'est à lui probablement que se rapporte la double forme *An* et *Khou* de la partie essentielle des noms des décans *Tpian* = *Tpikhou* et *An* = *Khou*.

La syllabe *An* mérite un nouvel examen. Les variantes de prononciation l'ont transformée de plusieurs manières. Elle était exprimée hiéroglyphiquement par un œil humain complet, garni de paupières, au-dessus d'une ligne ondulée, ou par un poisson de forme spéciale, ayant une certaine ressemblance avec l'œil que je viens d'indiquer, et la ligne ondulée ; quelquefois l'œil ou le poisson seul représente la syllabe : l'une et l'autre figure vaut donc *An*. Mais les noms égyptiens prennent assez souvent la syllabe préfixe *ou*; de là, OU-EN, OU-ÔN, OU-ÊN, *ouvrir*, dont j'ai déjà parlé; puis, par mutation de ou en B et en M, les variantes du nom du poisson *Béni* et *Moni* (*Monius*, nom égyptien du poisson céleste, selon Cæsius). D'un autre côté, M. de Rougé a fait remarquer que la syllabe précitée *ân* doit être comparée au sémitique עין (en phénicien probablement ען), AÏN, ÔN, AN, *œil*, *source*. La dernière acception explique peut-être la figure et l'idée du Verseau (1) proprement dit. Le rapport me paraît d'autant plus étroit que je ne doute pas que la syllabe dont il s'agit, en égyptien de même que dans les langues sémitiques, n'ait comporté une prise de son gutturale et n'ait été prononcée tantôt *ân*, tantôt *ghan* (= sémit. *aïn*, *ghaïn*), comme on disait en phénicien soit *Aza*, soit *Gaza*, pour désigner une ville célèbre de Palestine. On en a, si je ne m'abuse, une preuve dans la signification *vallée*, reconnue à la même syllabe, signification qui, correspondant au sémitique עני, ANI ou GANI, *Depressus*, ne

(1) *An* ou *gan* ne veut point dire absolument en égyptien *source*, *fontaine*, comme le mot sémitique; mais il signifie *vallée*, et l'on sait que, dans la plupart des langues, les idées de *vallée* et de *source*, de *cours d'eau*, sont très-souvent confondues.

se trouve pas en copte sous la prononciation *an*, mais s'y montre sous la forme *Djôn*. Or, nous rencontrons précisément *Gan* dans le nom mythologique *Ganimède* qui est rapporté au Verseau, et qui est formé de GAN, *Poisson*, et de MAUAT, *seul*, *solitaire* (le T copte vaut le D grec, qui n'existe pas dans la première langue (1)) : c'est le poisson du Verseau. La Fable fait *Ganymède* fils de *Tros*, et *Tros* est le nom de la planète *Mars* dans son domicile du Capricorne ; il représente le Capricorne lui-même à la suite duquel se lève le Poisson solitaire.

D'autres rapprochements seraient faciles : j'en laisse la satisfaction à la sagacité des lecteurs.

19°. *Orion*, que j'ai déjà signalé, est reconnaissable à sa haute stature, à son attitude animée, à son pas étendu, *Extento surgens ad sidera passu*... Il a, à ses pieds, au lieu du *Lièvre*, le *Bennou* ou Phénix, image de la renaissance, du retour après une longue absence, en même temps que de l'inondation, qui commence en effet au signe suivant.

20°. Après cette grande image, on ne peut voir, je pense, ainsi que je l'ai dit, que l'équivalent de *Procyon* ou du *Petit Chien* dans la colonne supportant un épervier et ayant au-dessous de son extrémité inférieure deux étoiles.

21°. Le *Grand Chien* est figuré, comme je l'ai déjà dit aussi, par la *Vache couchée* dans une barque, au-

(1) « D, littera ignota Ægyptiis. Eam quandoque in græcis vocibus scriptam vidi pro T. » Am. Peyron, *Lexic. copt.*, p. 28. — Au surplus c'est une notion bien acquise en linguistique que celle de l'affinité réciproque de la voyelle *ou* et des consonnes V, B, G, comme on le voit, entre autres exemples, par les équivalents *Ouascons*, *Basques*, *Gascons*.

dessous du Cancer, et la grande étoile de l'astérisme, *Sôthis*, l'est en particulier par l'étoile sculptée entre les cornes de l'animal. La constellation est identifiée avec la lune ou Isis qui se repose après s'être réunie à Osiris et à Horus, et après avoir reçu l'élément fécondant qui va de nouveau la rendre mère.

Sur le planisphère rectangulaire, entre le Sagittaire et le Capricorne, on retrouve la vache, mais mutilée, manquant des jambes de devant, et ayant celles de derrière attachées à une chaîne dont l'extrémité opposée est tenue par la déesse *Ap-t* : en avant, un personnage humain, à tête d'épervier, frappe d'une pique le front de la vache. Ce personnage, d'après un tableau central du plafond du Ramesséum, est *An*, le génie de la conversion, du tropique. La vache, dans laquelle le lecteur a sans doute reconnu une nouvelle forme de la constellation de *Sôthis*, est ici l'emblème du coucher matutinal de cet astérisme, coucher qui annonce le retour au tropique d'hiver : « *Canis matutinus occidit*, » dit plusieurs fois Ptolémée dans son calendrier, au mois de koïak.

22°. L'*Hydre* est le serpent sur lequel marche le Lion. D'après ce que j'ai dit au sujet de la Vierge, cet astérisme peut paraître satisfaire à la définition d'Hygin : « *Hydra trium signorum longitudinem occupans, Cancri, Leonis et Virginis.* » Cependant, en fait, l'étendue est trop courte ; le développement devrait se prolonger jusqu'à la Balance. Comme, selon Théon, c'est l'inondation du Nil qui est ainsi figurée, il en résulte qu'on n'a entendu représenter que le *summum* du phénomène.

23°. Le *Corbeau* est indiqué par l'*oiseau* placé sur la queue du Lion, dans une direction opposée à celle du corbeau sur notre sphère. L'*urne* est remplacée par la courbure de la queue du Lion, et la figure féminine qui y correspond représente une partie de l'astérisme de notre Vierge, en même temps que la *chevelure de Bérénice* ou la *gerbe*.

24°. Les déesses *Neith, Onka* et *Rannou*, au-dessous de l'Hydre, tiennent lieu du *Navire*, ainsi que je l'ai expliqué. Du rapport du nom propre *Ran* ou *Rannou* avec le terme commun Ronné, *Virginité*, est née sans doute l'assimilation à une vierge et le choix de la figure de la constellation zodiacale avoisinante, ainsi que de sa dénomination, dans la sphère grecque. Nous avons vu précédemment que cette déesse présidait au mois Pharmouthi, c'est-à-dire celui qui correspond à l'acte de rendre mère, et de là la Vierge fécondée. Pendant ce mois, lorsque la pleine lune monte le soir à l'orient avec la Vierge zodiacale, la partie postérieure du Navire arrive aussi à l'horizon.

25°. A la place du *Centaure*, sous la Balance, on voit le *Lion couché* et à tête retournée. J'ai dit d'abord qu'à cette image répond le décan *Aphoso*, et, plus tard, j'ai signalé un rapport particulier entre le nom de ce décan et celui de l'hippopotame remplaçant le Dragon du pôle.

26°. Derrière lui, au lieu du *Loup*, est la figure d'*Apis debout*, dont il a été parlé dans l'analyse de la légende théologique.

27°. Enfin, j'ai précédemment signalé l'emblème de l'*autel* dans le dernier décan de la Balance. Sur le zodiaque rectangulaire, l'image du décan est placée verticalement au-dessous de celle du Chacal, symbole du pôle de l'équateur, rangé dans la ligne des signes zodiacaux, et le mot Tpi, *sommet*, écrit entre les deux figures, semble s'appliquer à l'une et à l'autre, en sorte que l'opposition des deux constellations juxtapolaires est exprimée aussi clairement que possible. Le Chacal suit le Scorpion; l'*Autel*, on le sait, est, en réalité, placé sous la queue de ce zôdion, bien qu'il soit dénommé parmi les décans de la Balance : cette dernière position s'explique peut-être par le rapport horizontal de l'Autel avec la Balance lorsque celle-ci se couche, et la situation sur le planisphère rectangulaire a peut-être pour objet de modifier cette indication en rappelant la position de la constellation à l'égard du Scorpion. Au tombeau de Séti Ier, l'Autel est placé après *Héroua*, et cela le met en corrélation avec le Scorpion.

## REPRISE DE LA LÉGENDE HIÉROGLYPHIQUE CIRCULAIRE.

Il est maintenant intéressant de reprendre l'examen de la légende circulaire pour en comparer les énonciations descriptives aux détails figuratifs du médaillon.

J'ai fait remarquer les inégalités d'espacement des caractères hiéroglyphiques dans les segments successifs du cercle, inégalités qu'au premier abord on pourrait imputer à un défaut de prévoyance du graveur, mais que j'ai dit avoir elles-mêmes un motif calculé. C'est ce que je vais chercher à démontrer : ce motif a été de mettre chaque partie de la légende en regard des figures corrélatives du médaillon. Dans les trois premiers segments, compris entre le solstice d'hiver et le solstice d'été, sont exposés les titres de suprématie de la *déesse Ciel;* il est facile d'y voir une allusion au règne d'Isis qui correspond surtout aux mois que cet espace embrasse. Le segment placé au solstice d'été mentionne la *déesse Ciel* comme maîtresse de la résidence de *Het* dans la région de *Pon*. Ces dénominations sont précisément celles du point du ciel dont il s'agit au moment du solstice d'été. Je me suis expliqué déjà sur *Het*, quant à la signification. Mais la figure hiéroglyphique qui exprime ce mot, mérite elle-même qu'on s'arrête à sa composition. C'est une image de l'un des phénomènes caractéristiques de la position du ciel à cette époque. Il est en effet constitué par un couvercle au-dessus d'une pyramide. C'est une allusion au soleil couvrant alors de sa lumière, pendant plus de cinq heures, au milieu du jour, toutes les faces de la grande pyramide : « Il semblerait, dit Dupuis, que les Egyptiens, toujours » grands dans leurs conceptions, eussent exécuté le » projet le plus hardi qui fût jamais imaginé, celui de » donner un piédestal au soleil et à la lune, ou à Osiris » et à Isis, à midi pour l'un et à minuit pour l'autre, » lorsqu'ils arrivaient dans la partie du ciel auprès de » laquelle passe la ligne qui sépare l'hémisphère boréal » de l'hémisphère austral, l'empire du bien de celui » du mal, celui de la lumière de celui des ténèbres. Ils » voulurent que l'ombre disparût de toutes les faces » de la pyramide à midi, durant tout le temps que le » soleil séjournerait dans l'hémisphère lumineux, et » que la face boréale se recouvrît d'ombre, lorsque la » nuit commencerait à reprendre son empire dans notre » hémisphère. » Ce phénomène était naturellement plus prolongé, plns intense, partant plus remarquable, au solstice ; on peut consulter sur ce point, et l'on y trouvera grand intérêt, le passage que M. Biot, dans son beau *Mémoire sur la période sothiaque*, p. 55 à 63, a consacré aux phases d'illumination des pyramides. Au grand temple d'Edfou, sur la paroi gauche du pronaos (pl. 139 de Champ., l. v, 4), le symbôle est décomposé et ses éléments séparés entrent dans la construction d'une phrase où, à propos d'*Har Het*, il est dit : « *Le grand enveloppement de la pyramide, lors de son ascension au haut du ciel, crée la lumière au lieu de l'obscurité* (1). »

Un autre emblème, celui du nom de la région de *Pon*, est encore formellement de circonstance. Cette figure paraît avoir été le symbole de l'espace compris d'un équinoxe à l'autre, en passant par le solstice d'été; telle a été, je pense, la région de *Pon*, et le solstice d'été en était le cœur, le milieu, *Het* : on en voit une image sur la pl. vi du *Rituel*, à la seconde des quatre vignettes cardinales, celle du solstice d'été, où le soleil, dardant ses rayons perpendiculairement, est entre les symboles des équinoxes.

M. Birch désigne la figure dont il s'agit comme un support de balance. On voit en effet cet objet, moins le style, remplir cette destination à la balance psychostatique de Pétéménon, et, avec le style, mais différent de celui de notre caractère, en d'autres endroits, par exemple, dans le *Rituel*, aux ch. i, col. 16, et cxxv, col. 9. L'idée de balance peut très-bien convenir à l'expression d'une période où l'ombre oscille en deux sens opposés, au milieu desquels elle occupe momentanément une ligne d'équilibre. Le rapport est tellement

(1) Cfr. aussi *Rit.* cxli, 12, dern. partie. Sur le tableau d'Edfou, je regarde comme nom de la pyramide TF égal au copte Taibé, Taibi, Tèbé, Têbi, *arca, arca sepulcralis*, etc. De là, la valeur T de la figure pyramidale.

réciproque que, par contre, on voit les emblèmes équinoxiaux, Horus et le cynocéphale accroupi, presque toujours associés à la balance dans les scènes de psychostasie. Il est facile de rattacher le nom de l'instrument à cette idée, car *Bennē*, que l'on peut relier à *Pnnē*, *Pnē*, *Penné*, a, entre autres acceptions, celle de poteau que l'on peut assimiler à un pilier de balance, *Stathmos*, *postis*, dit M. Peyron. La rainure verticale peut être destinée à indiquer l'équilibre par son parallélisme, lorsqu'il y a lieu, avec une tige descendante, fixée au fléau, telle qu'on en voit assez souvent à la balance psychostatique.

Mais peut-être, en conservant, par l'analogie de figure, une allusion à ce rapport, notre signe, dépourvu, comme il l'est ici et en un très-grand nombre d'autres endroits, de plateaux, peint-il un autre objet, un gnomon. C'est un petit obélisque dont l'extrémité supérieure est légèrement arrondie. Chacune des quatre faces, dans quelques cas, est verticalement parcourue, au milieu, par une rainure; le plus souvent deux faces opposées seulement ont ce caractère; sur les faces intermédiaires, on voit à la place une ligne un peu saillante. Les rainures des deux faces opposées se continuent en haut de manière à se joindre transversalement. De chaque côté de la rainure ou de la ligne saillante sont quelquefois tracées des lignes obliques, dirigées parallèlement, comme les barbes d'une plume, de haut en bas, des bords de chaque face vers cette rainure ou cette saillie médiane. Chaque fois que l'objet est dessiné isolément, il a, comme sur le zodiaque, un style verticalement implanté au sommet et qui se termine par un petit disque ou un losange que la vignette du ch. LXXV du *Rituel* montre avoir été percé au centre d'un petit trou.

Ce petit obélisque, moins le style, est la coiffure ordinaire d'*Atoum*, qualifié *Seigneur de la région de Pon*. M. de Bunsen a fait la remarque que, d'un autre côté, *Atoum* se présente souvent sur les obélisques. Je pense donc que notre figure est réellement celle d'un petit obélisque, et qu'il y avait, entre cet objet et les grands obélisques, identité d'usage comme ressemblance de forme, c'est-à-dire office de gnomon.

On connaît l'emploi que les anciens ont fait des gnomons. Macrobe dit expressément, à l'occasion de l'Egypte, *Saturn.* II, 7 : « *Civitas autem Syene, quæ provinciæ Thebaidos post superiorum montium deserta principium est, sub ipso æstivo tropico constituta est : et eo die quo sol certam partem ingreditur Cancri, hora diei sexta, quoniam sol tunc super ipsum invenitur verticem civitatis, nulla illic potest in terram de quolibet corpore umbra jactari, sed nec stylus hemisphærii monstrantis horas, quem* γνώμωνα *vocant, tunc de se potest umbram creare.* » Plutarque, dans son *Traité des oracles qui ont cessé* (1), avait dit auparavant : « Les gnomons de la ville de Syène ne paraîtraient plus sans ombre au solstice d'été. » L'allusion au solstice d'été au moyen du gnomon était donc naturelle. Pour revenir à notre instrument, la rainure médiale verticalement tracée sur deux faces

(1) Il y a, au commencement de ce dialogue, une curieuse discussion au sujet d'une observation des prêtres de Jupiter Ammon « touchant la lampe qui jamais ne s'éteignait, » savoir, que « d'année en année il se consumait moins d'huile, et que de là ils conjecturaient qu'il y avait inégalité entre les années, d'où résultait que la suivante était toujours de plus courte durée que la précédente. »

opposées convient parfaitement aussi à une destination gnomonique, car le trait d'ombre pouvait produire et les écarts et le parallélisme que font sous-entendre et la rainure médiale et les traits latéraux, obliquement incidents. Dans ce cas, ce devait être un gnomon à style oblique, tel que celui que M. Biot a décrit (*Rech. sur l'année vague* et *Mém. sur div. points d'astron. ancienne*), avec la partie essentielle duquel notre instrument a en effet la plus grande ressemblance. Cet instrument, si je ne me trompe, devait être fixé à demeure, les faces à rainure regardant les tropiques opposés, et une tige métallique, courbée dans le prolongement de la rainure sur l'extrémité supérieure, devait, par ses extrémités inclinées à la distance convenable, présenter de chaque côté un style générateur d'ombre. Cela s'applique à ceux de nos petits obélisques qui n'ont point de style vertical. Ceux qui sont pourvus de cet appendice devaient être des gnomons à style vertical, propres à marquer les longueurs équinoxiales de l'ombre; la forme de leur extrémité libre et surtout le petit trou percé dans l'élargissement en disque ou en losange corrigeaient, autant que possible, l'inconvénient de l'indécision de la fin de l'ombre. On conçoit que les deux systèmes de gnomon à style oblique et de gnomon à style vertical ont pu être combinés sur la même base, et qu'un seul appareil à demeure pouvait servir aux observations relatives aux équinoxes et aux solstices : je crois qu'il en était effectivement ainsi.

Le thème que j'ai précédemment cité à propos d'une assimilation à la Balance s'applique beaucoup mieux encore à l'assimilation à un gnomon : en effet, au propre, *Penně, Pně, Penné* signifie *Degré, échelle*, et cela convient à un gnomon plutôt qu'à une balance.

Autour de cette acception fondamentale, par un procédé familier aux hiérogrammates, se groupent, à l'aide d'autres mots presque semblables, des associations d'idées qui s'harmonisent parfaitement. Ainsi *Penné* signifie aussi *Porte*, et chaque point cardinal était considéré comme une porte, quelquefois indiqué même par l'image d'une porte. *Poôné* répond aux variantes latines : *Transire*, *mutare*, *convertere*, *convertere se*, *verti*, *converti*, toutes expressions essentiellement appropriées à la désignation de phénomènes qui ont fait donner aux lieux principaux où ils s'effectuent le nom de *Tropiques*, c'est-à-dire *Points de conversion* (1). Si mon opinion est fondée, elle a cela de particulièrement important que la figure hiéroglyphique sur laquelle elle repose se montre sur des monuments d'une très-haute antiquité. Un exemplaire du Louvre, fixé dans un calice de lotus au sommet d'une petite colonne, indique certainement une fonction autre que celle de balance.

L'usage gnomonique me paraît démontré par les considérations suivantes.

Les anciens Egyptiens avaient une fête de *Tiné* dans la région de Pon; elle est plusieurs fois mentionnée dans le Rituel funéraire. L'expression hiéroglyphique de cette dénomination est déterminée par un demi-sarcophage. Cette figure caractérise quelquefois aussi la scène de la psychostasie, par exemple dans le grand Rituel de Turin. Or, comme Anépo, l'un des maîtres de la balance, montre que la tige descendante, fixée au fléau

(1) Ces applications me déterminent à maintenir la leçon *Pon* au lieu d'*On*, qu'on a récemment adoptée : les deux formes peuvent, je crois, se concilier, comme en copte Pôône, et Oueine, *Transire*.

et mobile comme lui, est arrêtée verticalement, il y a équilibre : ce fait est en outre déclaré par un groupe qui domine le tableau, groupe composé du chiffre X superposé au chiffre V, avec l'intermédiaire de la ligne ondulée. Ce groupe indique évidemment un partage par moitié, en deux parties égales, ou de cinq chacune; la ligne brisée, image de l'eau, *æquor*, et valant alphabétiquement N, doit représenter le copte INÉ, INI, *similis esse*, *similitudo*. La figure d'un demi-sarcophage s'accorde bien avec cette énonciation; son expression phonétique *Tiné*, *t-iné* = *ti-iné*, signifie *Faire similitude, rendre égal;* elle se présente à l'état redoublé en copte, savoir : TNTN, *comparer*, *assimiler*, *équilibrer*, *rendre semblable* (1). Dans un autre tableau sur le même sujet, DESCR. DE L'EGYPTE, *Antiq.*, t. II, pl. 75, le chiffre supérieur vaut VIII, l'inférieur IIII, et ils sont séparés par une ligne concave en bas; c'est le signe de la division : la signification est donc identique (2).

Dans l'application à l'observation des phénomènes célestes, il peut s'agir ou de l'égalité du jour et de la

(1) Les exemples précités aboutissant à une réduction à moitié, l'emploi du N dans des conditions analogues a été souvent considéré comme signifiant directement *demi* et secondairement *petit* par rapport à l'objet primitif : ainsi dans le *Rituel funéraire*, ch. CXLI, col. vert. 6 et 7, 1er tiers, sont mentionnés les *Neuf dieux demis*, *c'est-à-dire petits*, ou *les Demi-neuf-dieux*, *c'est-à-dire les petits Neuf-dieux*. Selon un autre passage du *Rituel*, CXXV, 2, les quarante-deux assesseurs d'Osiris, juge des âmes, auraient été aussi des demi-dieux. Il est remarquable, en ce qui concerne les demi-neuf-dieux, que le Syncelle, d'après Manéthon, dit-il, compte neuf demi-dieux parmi les dynasties mythologiques de l'Egypte.

(2) La ligne brisée, valant N, peut en effet ne signifier que *division*, *partie*, en copte *ouôn* : il est à noter que, dans les exemples de la note ci-dessus, il est suivi de *Djs*, qui peut avoir la signification de moitié, *Djos*, en sorte que le sens serait *diviser par moitié*.

nuit aux équinoxes, ou du parallélisme de l'ombre avec la rainure verticale aux solstices. Nous avons vu que l'instrument pouvait probablement s'adapter aux deux cas : aussi la région de Pon s'étendait, si je ne me trompe, depuis l'équinoxe de printemps jusqu'à celui d'automne en passant par le solstice d'été; la région de ce solstice en était le cœur, le milieu. Mais, quant à la fête de Tiné, vu que, dans les tableaux de psychostasie, c'est la fixation verticale de la flèche de la Balance qui est indiquée, je crois que cette fête est solstitiale. Il pouvait y avoir avec la psychostasie un rapport plus étroit que le rapport mécanique: j'ai déjà dit que le Cancer, siége du solstice, était la porte de la descente aux enfers; c'est donc là que la pesée des âmes devait se faire, et ce rapport était exprimé par l'analogie des deux opérations de *Tiné*.

Dans le cinquième segment de la légende circulaire du zodiaque de Dendera, le groupe initial auquel se rattache le régime indirect NES, *à elle* ou *sur elle*, exprimé un peu plus loin et suivi de la marque du pluriel, ne peut être qu'un verbe ayant pour sujet *les grands dieux* mentionnés dans l'intervalle; en prenant l'oiseau, selon sa plus grande ressemblance, pour l'*épervier*, BAK, valant phonétiquement B, on a le groupe NB correspondant au copte NEBI, NÊBI, *naviguer*, auquel se rattache d'ailleurs NÊOU, etc., *aller*, *venir*. *Naviguer* est le terme propre, puisque le ciel avait son Nil, que la déesse Ciel, NOU-T-PÉ, *Navigation* ou *voie du ciel*, était ordinairement représentée avec les lignes ondulées le long de son corps immense, que les dieux célestes sont presque toujours figurés en barque, enfin que le vase valant N est quelquefois le déterminatif de la barque, comme il indique seul le nom de la déesse Ciel, placé sur sa tête.

L'étoile avec la marque du pluriel, suivie des groupes valant *Horus, fils d'Isis*, est un complément du sujet *les grands dieux* qui précède immédiatement. Horapollon nous apprend que l'étoile, entre autres significations, avait celle de *dieu encosmique* : il s'agit probablement ici des génies zodiacaux.

Au segment suivant, nouvelle forme grammaticale et nouveaux rapports mythologiques, ainsi que nouvelle corrélation avec la partie correspondante du médaillon. P — S est un curieux composé d'un pronom ou d'un verbe substantif primitivement masculin, *pe* ou *pou*, devenu commun, et d'un suffixe féminin : la combinaison des deux genres a ici d'autant plus d'à-propos que la déesse Isis est assimilée, non-seulement à d'autres déesses, mais aussi à des dieux. L'épervier, précédé d'une étoile et suivi de l'indice du pluriel, doit avoir la signification de *planètes* que nous lui avons déjà reconnue. En se fondant sur le zodiaque circulaire de Dendera, on avait pensé que trois planètes seulement avaient le titre Har, *supérieur*, et la remarque avait cela de piquant que ce sont précisément celles auxquelles nous donnons aujourd'hui encore la même épithète. Mais le Ramesséum présente quatre légendes de planètes ayant en tête le même hiéroglyphe, et, au pronaos de Dendera, les cinq éperviers adorés par une image féminine et une figure de Thoth dans une des bandes centrales me paraissent les symboles des cinq planètes. Si mon interprétation est exacte, il ressort du passage de la légende circulaire que les planètes étaient spécialement sous la direction de *Ra Sokar*.

A la fin du même segment est mentionné le dieu *Schou* : ce passage est en relation avec la figure de taureau droit, placée immédiatement au-dessus, dans le champ du médaillon; car M. Wilkinson, *Mat. hier.*, xxix, représente ce dieu sous une figure analogue. Nous avons vu l'autre forme dans le personnage mâle des Gémeaux. La corrélation s'établit en considérant l'image de la Balance comme un emblème d'Osiris descendant aux enfers, mais en laissant l'espérance d'un retour victorieux, et dans celle des Gémeaux, un emblème d'Osiris justifié et reparaissant à la lumière.

Dans le septième segment, ou l'avant-dernier, on voit au milieu un groupe composé d'une étoile, du signe N et d'un caractère un peu altéré, mais qui conserve des traces de l'image *ciel;* ce groupe me semble ne pouvoir s'expliquer que par dieu *Noupé*. Le groupe suivant signifie *OEil divin d'Osiris;* c'est une qualification donnée à plusieurs divinités, entre autres, à Athyr. A la fin est la désignation de Aah, *Lunus :* c'est le dieu dans une barque que j'ai signalé entre la Balance et le Scorpion, et qui a son correspondant au premier décan du dernier signe. A cette désignation se lie le premier groupe du segment suivant, qui est le huitième ou dernier. Ce groupe peut se lire *sah, sahou*, et signifier *recessus, recedens*, la partie de l'année où le soleil se retire; le sens serait : *Lunus, dieu de la partie du ciel* (ou *de l'année*) *où s'effectue la retraite, l'éloignement du soleil*. Nous avons vu, en effet, Isis, ou la lune, prendre à ce moment le gouvernement du ciel. C'est cette prise d'autorité qui fait changer son rôle féminin en un rôle masculin.

(1) La lecture *Aah,* malgré la valeur insolite qui en résulte pour le dernier signe, ne me paraît pas douteuse.

La fin du segment, qui touche au solstice d'hiver, se rapporte à la double déesse des régions attribuées aux tropiques. Je dis *la double déesse* et non *les deux déesses*, parce qu'il n'y a pas d'indice de pluriel. C'était, en effet, la même déesse sous deux faces, quelquefois répondant à *Neith* et à *Ma*, d'autres fois à *Neith* seulement ou à *Sati*, comme il y avait deux personnes de la déesse Vesta, dans la mythologie latine. Il existait, en effet, entre les deux points, une concordance étroite, qui se traduisait par les rapports phénoménaux et par les répétitions de noms ; ainsi, l'on supposait que le Verseau, de son pied, ébranlait le Nil et en préparait le débordement ; le poisson *Benni* était aussi considéré comme ayant un certain rapport avec l'inondation ; une étoile de Janus existait au pied de la Vierge, et l'Hirondelle ou la colombe était de part et d'autre mentionnée.

Le nom de la région boréale est trop altéré pour que je le déchiffre. Celui de la région australe est *An* ou *Ian*, et le rapport tropique de cette partie de la légende avec le poisson austral et les signes du renouvellement de l'année ajoute, si je ne me trompe, une confirmation à ce que j'ai dit, dans l'article des décans, au sujet de *Janus* et d'autres applications de cette syllabe, ainsi qu'au sujet de *Ganymède* dans l'article sur les constellations extra-zodiacales.

En dehors de la légende circulaire, devant chaque image féminine des points cardinaux, sont des colonnes d'écriture hiéroglyphique dans lesquelles on reconnaît une partie des indications données dans la légende circulaire ; c'en était probablement le développement considéré sous le point de vue des intervalles tropicaux ;

mais, dans l'état de dégradation où se trouvent ces colonnes, je suis, pour mon compte, incapable de restituer les détails. Je ferai seulement observer que deux de ces légendes particulières, celles des équinoxes, ont, en dehors des colonnes, chacune un groupe où l'on discerne, à l'orient, le début de la légende occidentale, à l'occident le début de la légende septentrionale, en sorte que l'on doit, je pense, y voir des renvois énonçant l'ordre de la lecture, c'est-à-dire que de la légende orientale on doit passer à celle de l'occident et de celle-ci à celle du septentrion; la légende australe se lisait probablement la dernière.

## CONCLUSION.

D'après tout ce qui précède, il est d'abord évident que le zodiaque de Dendera contient des données astronomiques. Quelle est l'importance de ces données; jusqu'à quel point sont-elles rigoureuses ou approximatives en les appliquant à l'état du ciel d'une époque déterminée? C'est une question que, dans mon incompétence, je n'ai pas eu l'intention de résoudre; mais les observations que j'ai faites au simple point de vue iconographique ne seront peut-être pas inutiles aux personnes qui voudront reprendre cet examen.

Une seconde déduction n'est pas moins légitime que la précédente, c'est que ce tableau présente un caractère astrologique. On y trouve incontestablement la réalisation de cette énonciation de Chérémon, sur laquelle Dupuis a tant insisté : « Les Egyptiens ne re-» connaissent pour dieux que les planètes, les astres » qui composent le zodiaque et tous ceux qui, par leur

» lever et leur coucher, en marquent les divisions, les
» sous-divisions des signes en décans, l'horoscope et les
» astres qui y président et que l'on nomme chefs puis-
» sants du ciel; astres dont les noms sont contenus dans
» nos livres d'astrologie et de médecine astrologique,
» avec leurs levers, leurs couchers, leurs influences
» sur les maladies et les pronostics qu'on en tire pour
» l'avenir. Faisant du soleil le grand dieu, architecte et
» modérateur du monde, les Egyptiens expliquaient,
» non-seulement la fable d'Osiris et d'Isis, mais toutes
» leurs fables sacrées généralement, par les astres, par
» leur apparition ou leur disparition, par leur ascen-
» sion, par les phases de la lune et les accroissements
» ou la diminution de sa lumière, par la marche du
» soleil, par les deux divisions du temps et du ciel en
» deux parties, l'une affectée à la nuit, l'autre à la lu-
» mière; par le Nil, enfin par le jeu des causes physi-
» ques (1). » Là se trouve incontestablement, selon moi, le fond matériel des décorations du temple de Dendera.

Enfin, et c'est là, je crois, la signification principale, la grande pensée des mystères de la théologie était, sous un voile symbolique, présentée à la pénétration et à la méditation des initiés, pensée profonde et définitivement fortifiante au milieu des traverses de la vie. Cette pensée trouvait son complément dans les bandes du plafond du pronaos interposées entre les deux registres zodiacaux. C'était, sous une autre forme, la reproduction de la partie théologique du zodiaque circulaire, comme les registres zodiacaux étaient la reproduction de la partie astrographique et astrologique. Je vais en faire un exposé aussi succinct que possible.

(1) Porphyre, *Lettre à Anneb.*

La bande la plus intérieure diffère beaucoup de dispositions dans la moitié occidentale et dans la moitié orientale. Celle-ci est composée de trois rangées parallèles. L'autre ne consiste qu'en une rangée subdivisée en quatre compartiments, inégaux de profondeur, mais mesurant chacune en hauteur toute la largeur de la bande.

Je commence par celle-ci :

1re *Comp.* — La pleine lune pleure le soleil absent et commence son voyage à la recherche d'Osiris. Elle est au milieu des deux septénaires qui lui appartiennent. Elle est adorée, d'un côté, par l'équinoxe supérieur et l'équinoxe inférieur, de l'autre, par les esprits des quatre points cardinaux, deux supérieurs et deux inférieurs. L'explication de ce premier tableau est donnée par la légende qui surmonte une scène semblable à la paroi droite du pronaos du grand temple d'Edfou, pl. 129 de Champollion.

2e *Comp.* — Les cinq planètes, sous forme d'épervier, sont adorées par une Heure et par un Jour. Les planètes, sous l'image cinq fois répétée, comme ici, d'un épervier, accompagnent aussi, à Edfou, Isis représentant la pleine lune dans le tableau que je viens de citer. Saturne, sous sa forme ordinaire de personnage mâle à tête de taureau, est en avant du cortége ; Jupiter, personnage mâle aussi, mais à tête d'épervier, est à la fin. Ce sont les hérauts du début et du terme du voyage, précisément comme sur le zodiaque circulaire de Dendera, Saturne à la Balance, où commence la pérégrination, et Jupiter au Cancer où elle s'achève.

3e *Comp.* — Ascension de la nouvelle lune en tête

des génies des quinze jours qui lui sont dévolus et qui forment ici, par conséquent, avec les quatorze précédents, un mois lunaire de 29 jours. Thoth, génie du premier jour, est dans une position exceptionnelle, comme la néoménie dans la rangée des Heures et des Jours de l'ordre inférieur. Le second génie, en tête de la série continue, est reconnaissable pour celui à qui Champollion assigne cette place ; mais il n'en est plus de même des autres. Si Thoth, placé à l'écart, n'est point compté comme génie de jour, cette seconde série n'est composée aussi que de quatorze jours, l'ensemble du mois, par conséquent, de vingt-huit : cette hypothèse serait plus conforme aux notions transmises par les auteurs, ainsi qu'à d'autres indications du monument lui-même.

4e *Comp.* — Réunion d'Osiris et d'Isis. Les deux divinités sont assises dans une bari. Horus probablement est derrière elles au gouvernail. Une déesse, pareillement assise, leur fait face et les adore. Une Heure debout est aussi en adoration devant elles. Le symbole équinoxial est à la proue, tourné vers Osiris et Isis. Les emblèmes de la vie et de la puissance créatrice planent en haut de la scène. La bari est posée sur le ciel porté par les déesses des quatre points cardinaux ; à droite et à gauche, sont à genoux, et avec un bras levé, les symboles des trois mois supérieurs, personnages à têtes d'épervier, et ceux des trois mois inférieurs, personnages à têtes de chacal ; au delà sont les signes équinoxiaux.

La partie orientale, qui continue la bande que je viens d'analyser sommairement, en est le développement. Elle est subdivisée en trois rangées parallèles.

Dans la médiane, on voit, dans une série de barques, la lune voyageant à la recherche d'Osiris, puis se réunissant à lui. Les deux bandes extrêmes, qui forment comme les rives du fleuve sur lequel navigue la lune, sont couvertes par les emblèmes plus nombreux, plus détaillés des différentes parties du ciel et de l'année assistant au passage de la déesse.

Dans les bandes suivantes, c'est plus particulièrement Osiris à son tour qu'on a voulu célébrer ; il est représenté accomplissant aussi son voyage, d'abord dans l'année, savoir dans l'hémisphère céleste supérieur et dans l'hémisphère inférieur, accompagné des Mois, puis dans le nycthémère, savoir dans le jour et dans la nuit, accompagné des Heures.

On peut donc dire du planisphère rectangulaire comme du zodiaque circulaire : « *Hic canit errantem lunam solisque labores.* »

Mais la partie essentielle de cette brillante décoration, l'affabulation de la légende, s'il est permis d'ainsi parler, est écrite dans le dernier compartiment de la bande médiane orientale, là où l'on voit Osiris, type de l'homme, après ses souffrances, renaître spontanément, comme le scarabée, de ses principes désaggrégés, s'unir de nouveau à Isis, où à la nature, tarir ses larmes, verser dans son sein les germes de fécondité, et recommencer avec elle une carrière de sainteté et de bienfaisance, en présence et à la joie de tous les éléments du monde : *Sacra..... orgia naturæ, secretaque fœdera cœli* ; c'est à ce tableau que s'applique le passage d'un hymne traduit ainsi par M. Chabas : « Les dieux sont dans la joie lorsqu'arrive Osiris, fils d'Horus, intrépide, justifié, fils d'Isis, fils d'Osiris. Les divins chefs s'unissent à lui; les dieux reconnaissent le Seigneur universel lui-même. »

Cette pensée dominante est reproduite avec détails dans les rangées latérales de la continuation occidentale du même sujet, et, comme ces détails aboutissent à un résultat que je crois très-curieux, je vais en faire une analyse suivie.

Les deux rangées sont occupées par divers génies qui assistent, comme je l'ai dit, au passage des barques portant des emblèmes différents de la lune. Ces génies représentent les mois, les jours et l'année, une moitié de chacune de ces espèces de périodes d'un côté, l'autre moitié de l'autre côté, de manière à se correspondre symétriquement, mais quelquefois en s'entrecroisant.

Ainsi, l'on voit d'abord à gauche 6 groupes de 3 figures chacun, en tout 18 figures. A droite, il n'y a que 5 groupes, et, par conséquent, 15 figures : pour les deux côtés réunis, 33. Ce total ne peut s'appliquer à rien. En comparant une série à l'autre, on s'aperçoit qu'à celle de droite, à la suite des cinq groupes, en regard de trois oiseaux à tête humaine qui composent le sixième groupe de la rive opposée, il y a quatre oiseaux tout à fait semblables. Avec cette divergence, on ne peut encore rien établir. Il est plus que vraisemblable que le sculpteur s'est ici trompé; qu'il a gravé quatre oiseaux au lieu de trois. Par cette explication, la symétrie se rétablit et l'on a, de part et d'autre, 16 groupes de 3 personnages, 18 pour chaque série riveraine, 36 pour les deux. Ce chiffre nous donne celui des décans et implicitement l'allusion aux mois. Les caractères iconographiques concordent avec cette donnée, car il est facile de les ramener aux symboles des phases de la révolution annuelle.

De même nous reconnaissons, immédiatement après, deux séries spéciales, parallèles et connexes, dans les suites de sept figures de chaque côté, commençant et finissant chacune par un groupe de quatre figures qui enferment deux groupes de trois figures : ce sont les 28 jours lunaires, avec les figures affectées à l'expression des phases.

Le reste de chaque rangée constitue encore un symbole concret. Mais l'explication n'en est pas aussi facile. Il consiste, pour le côté droit, en 4 groupes de 4 animaux chacun, savoir : 4 oiseaux à figure humaine, 4 à tête de crocodile, 4 cynocéphales assis, 4 chacals; pour l'autre côté, en 4 groupes formés par 4 oiseaux à tête humaine, 4 chacals, 4 cynocéphales assis, 4 hommes marchant et à tête de chacal. Entre le premier et le second groupe de la rive gauche est un scarabée aux ailes éployées.

La signification de chaque animal en particulier nous est connue; l'oiseau à tête humaine et le chacal sont des emblèmes de solstice; l'oiseau à tête de crocodile est le symbole de l'équinoxe vernal; le cynocéphale assis, un emblème équinoxial, celui de l'équinoxe automnal du côté droit. L'homme à tête de chacal représente aussi un équinoxe sur le zodiaque d'Esné; il doit figurer ici, c'est-à-dire du côté gauche, l'équinoxe typhonien, et, par conséquent, le cynocéphale prend la signification de l'équinoxe printanier. S'il n'y avait que quatre emblèmes, on serait autorisé à avancer qu'ils représentent l'année dans son ensemble, et ce serait naturel, après les mois et les jours en particulier. Mais à quoi rattacher leur double multiplication par 4? L'explication est fournie par les ch. 32 et 33 du livre I d'Horapollon, où il est dit : « Pour signifier la volupté, » les Egyptiens écrivent le nombre *seize*, parce que » c'est le nombre d'années auquel les hommes commencent à avoir commerce avec les femmes et à » procréer des enfants (1). — Quant à l'union sexuelle, » ils l'expriment en écrivant deux fois le nombre seize; » car, puisque nous avons dit que le chiffre seize représente la volupté, le congrès sexuel consistant en » deux voluptés, celle de l'homme et celle de la femme, » ils en ont déduit qu'il fallait répéter le nombre » seize. »

Nous voyons ce nombre exprimé deux fois, une de chaque côté du fleuve; c'est une allusion à l'union d'Osiris et d'Isis en présence et avec le concours de la nature entière, représentée par les signes des points cardinaux, et y prenant part en quelque sorte dans l'emploi de ces signes mêmes pour l'expression du mystère.

(1) On sait que, dans les chap. d'Horap., il faut presque toujours distinguer entre l'énoncé et le commentaire. Peut-être est-ce ici le cas. En effet, je serais assez porté à préférer une explication tirée de ce passage de Pline, l. v, ch. 9, à propos de la crue du Nil : « *Mensuræ notis deprehenduntur. Justum incrementum est cubitorum* XVI. *Minores aquæ non omnia rigant; ampliores detinent, tardius recedendo. Quæ serendi tempore absumunt solo madente, illa non dant, sitiente. Utrumque reputat provincia. In* XII *cubitis famem sentit. In* XIII *etiamnum esurit.* XIV *cubiti hilaritatem afferunt;* XV *securitatem;* XVI DELICIAS. » Quoi qu'il en soit, on peut voir, dans le *Journ. de la Société orientale d'Allemagne*, IX B. 3 H. (1855), p. 498, une curieuse application de cette donnée faite par M. Brugsch, pour expliquer une inscription où le nombre rond 30 pour 32 indique les jeunes hommes mariés.

L'allusion est confirmée par le Scarabée, symbole de création, et cette figure lui donne même un caractère plus abstrait, plus philosophique, en impliquant, par la signification essentielle de monogénésie, que le monde agit sur lui-même, se rend de nouveau fécond par sa propre et intrinsèque énergie.

C'est bien là la fin de la décoration, le dernier mot de la légende, le secret le plus intime de l'allégorie, le fond de la doctrine. C'est la pensée qui a inspiré ces beaux vers de Virgile, que tous les lettrés tiennent gravés dans leur mémoire, mais qu'on relit toujours avec plaisir et que je n'hésite point, par conséquent, à reproduire comme définitive conclusion de la signification du zodiaque de Dendera :

*Principio cœlum ac terras, camposque liquentes,*
*Lucentemque globum lunæ, Titaniaque astra,*
*Spiritus intus alit, totamque infusa per artus*
*Mens agitat molem, et magno se corpore miscet.*
*Inde hominum pecudumque genus, vitæque volantum,*
*Et quæ marmoreo fert monstra sub æquore pontus :*
*Igneus est ollis vigor, et cœlestis origo,*
*Seminibus; quantum non noxia corpora tardant,*
*Terrenique hebetant artus moribundaque membra.*
*Hinc metuunt, cupiuntque; dolent, gaudentque; neque auras*
*Dispiciunt clausæ tenebris et carcere cæco.*
*Quin et supremo quum lumine vita reliquit,*
*Non tamen omne malum miseris, nec funditus omnes*
*Corporeæ excedunt pestes; penitusque necesse est*
*Multa diu concreta modis inolescere miris.*
*Ergo exercentur pœnis, veterumque malorum*
*Supplicia expendunt : . . . . . . . . . . . . . . . . .*
*Quisque suos patimur manes ; exinde per amplum*
*Mittimur Elysium, et pauci læta arva tenemus,*
*Donec longa dies, perfecto temporis orbe,*
*Concretam exemit labem, purumque reliquit*

*Ætherium sensum, atque aurai simplicis ignem* (1).
*Has omnes, ubi mille rotam volvêre per annos,*
*Lethæum ad fluvium deus evocat agmine magno :*
*Scilicet immemores supera ut convexa revisant,*
*Rursus et incipiant in corpora velle reverti.*

(1) Ce vers me paraît rendre la doctrine égyptienne sur les éléments que j'ai précédemment exposée, d'un côté l'éther intelligent, *ætherius sensus*, de l'autre l'air igné, *aurai simplicis ignis*.

# DEUXIÈME PARTIE.

## ANNÉE ÉGYPTIENNE.

En me livrant, dans les auteurs et sur les monuments, aux recherches nécessaires à l'explication du zodiaque de Dendera, je me suis trouvé en présence de questions et de documents relatifs à la division et à la supputation du temps. Je crois avoir, en réfléchissant longtemps sur ces données, fait quelques remarques utiles et je me hasarde à les soumettre aussi au jugement bienveillant des lecteurs.

Ces remarques ont pour pivots l'année lunaire et les périodes d'années solaires. Plusieurs des détails sur lesquels elles portent et que j'aurai l'occasion de signaler confirment ou complètent quelques-unes des énonciations émises dans la première partie de ce mémoire.

### ANNÉE LUNAIRE.

On est très-exactement renseigné sur l'existence, chez les anciens Egyptiens, d'une année solaire composée de douze mois de trente jours chacun, à la suite desquels on intercalait cinq jours complémentaires ou épagomènes. Les auteurs grecs nous ont transmis à ce sujet des indications que les monuments ont rigoureusement confirmées, et ces monuments remontent à une très-haute antiquité.

Mais M. Lepsius, dans son Introduction à la chronologie, a fait observer que, dans l'ordre naturel des choses, là, comme dans toutes les autres sociétés, on avait dû commencer par une année lunaire. Il a signalé un passage du Rituel funéraire, ch. xxvii, à la fin de la col. 2, où paraît mentionnée une année de cette nature, et il regarde comme probable que c'était l'année qui, sur certains monuments, comparativement à une *grande année*, ou année solaire, était appelée *Petite année* : cette opinion peut s'appuyer sur cette énonciation de Macrobe, *Saturn.* I, 14 : « *Unde annus vertens vocatur et habetur magnus, quum lunæ annus brevis putetur.* » L'illustre égyptologue n'a découvert aucun autre témoignage sur les monuments. Cependant Horapollon et Plutarque mentionnent, comme en usage encore de leur temps, un mois de 28 jours, c'est-à-dire un mois lunaire périodique, et la décoration du pronaos de Dendera me paraît en contenir la mention figurative. Il y avait donc certainement, à côté de l'année solaire, une année lunaire.

Il y a plus : cette année lunaire a eu plusieurs formes ; en effet, il existe un monument où sont clairement indiqués, si je ne m'abuse, soit douze mois de 27 jours chacun, et deux périodes à part, l'une de 19, l'autre de 17 jours, en tout 360 jours, ou dix mois de 27 jours et deux mois à part, l'un de 19, l'autre de 17, en tout 306 jours.

Ce monument est celui dont le tableau se trouve dans la Descript. de l'Egypte, *Antiq.*, pl. 82, et à la fin d'une brochure publiée par Halma en 1822 ; l'original décore le plafond de l'un des tombeaux des anciens rois, à Biban el Molouk, près de Thèbes. Vu son importance, j'en emprunte la description au grand ouvrage que je viens de citer.

« La partie inférieure de la gravure représente le côté du plafond qui est à gauche en entrant ; et la supérieure, le côté droit. Le tableau est peint sur un fond concave légèrement arqué... un bandeau de sept décimètres de large, et d'environ cinq décimètres de hauteur, en forme de poutre, encadre de chaque côté le tableau dans sa longueur.

» Ce plafond est partagé en deux moitiés par deux grandes figures de femmes nues, dont les corps allongés en forme de règles occupent la plus grande dimension de la pièce, tandis que leurs bras et leurs jambes se recourbent à angle droit, pour envelopper les tableaux.

» Chaque moitié du plafond est encore divisée en deux parties ou bandes rectangulaires à peu près égales. La première ou la plus voisine du centre représente un ciel azuré, parsemé d'étoiles et d'hiéroglyphes, lesquels semblent placés derrière un réseau dont les lignes se coupent à angle droit... La seconde bande est composée d'une suite de personnages peints sur un fond blanc... Ils sont symétriquement placés des deux côtés d'un tableau qui paraît être le sujet principal de cette composition, tant du côté gauche du plafond, que du côté droit.

» Au côté gauche du plafond, la bande inférieure contient une scène composée de trois figures humaines et de sept figures d'animaux ; la plus grande de celles-ci est debout, et appuyée sur un vase. La tête et son corps ressemblent à ceux du cochon, et sont garnis d'une crinière épaisse et tressée qui descend jusqu'en bas. Les pieds de la figure sont ceux d'un lion, ses bras ceux d'un homme, ou peut-être d'un singe. Elle porte sur la tête et le dos un grand crocodile, dont la queue s'applique sur sa crinière. En bas est une figure d'homme renversée, à tête d'épervier, armée d'une longue tige qui est dirigée sur la bande où sont les étoiles, et au bout de laquelle est une suite de points détachés qui se prolongent jusqu'au corps de la grande figure.

» Après, et au centre même de la scène, se remarque un taureau tourné dans le même sens que les deux précédentes figures, et posé sur une barre horizontale qu'un homme paraît soutenir de la main droite. En face est un lion couché, et au-dessous de lui un crocodile de taille moyenne, qui regardent les personnages qu'on vient de décrire. Sous les pieds de derrière du lion est une troisième figure de crocodile, mais fort petite et reployée sur elle-même. Entre le lion et le crocodile, est un scorpion placé sous la queue même du lion. Enfin au-dessus de ce dernier, est une figure de femme renversée, qui tourne le dos à la bande céleste.

» A droite de cette scène, est une marche de dix figures humaines debout et à tête d'homme, excepté la cinquième qui a une tête de cheval, la sixième une tête d'ibis, la septième une tête d'épervier. Le dessin fait voir l'attitude, l'action et le costume semblables de ces dix figures qui regardent vers le milieu du tableau. On y remarquera les différences du nombre de traits que renferment leurs colliers et le bas de leurs draperies; ces traits ont été comptés partout.

» A gauche, on voit neuf personnages qui regardent les précédents, et qui diffèrent tous. Un dixième, placé entre les bras de la grande figure reployée, leur tourne le dos. La première de ces dix figures est une femme, les deux suivantes sont deux hommes à tête de lion, dont le premier paraît le plus âgé. Il faut surtout remarquer l'avant-dernière qui est sans bras, et qui porte deux longues feuilles sur la tête, ainsi qu'une figure de momie qui la précède, dont le corps est blanc, et dont la chevelure nouée sous le menton est noire. On doit également noter que, sur le corps des huit premières, on a distribué de petits cercles. Enfin, la grande figure qui enveloppe a un disque sur la tête, et devant le nombril un disque ailé. Plus loin sont deux petites figures que l'on a cru ressembler à des vases renversés, et qui paraissent plutôt les contours de deux légendes hiéroglyphiques placées, comme c'est l'ordinaire, à côté des colonnes d'hiéroglyphes du tableau.

» Au côté droit du plafond, la bande de figures qui fait pendant à celle du côté gauche du plafond, est composée d'une manière absolument semblable. Au milieu est une scène principale, à droite et à gauche de laquelle sont neuf personnages debout. On remarque un lion et un crocodile couchés l'un au-dessus de l'autre, un homme tournant le dos à la bande étoilée; un vase de la forme de ceux des puits de Saqqarâh, surmonté d'une tête de taureau et couvert de quelques petites figures tracées légèrement et presque effacées. Au-dessous, on voit un homme qui semble, à l'aide d'un bâton, soutenir le vase de la main droite, et repousser de l'autre le crocodile; un homme à tête d'épervier renversé horizontalement, armé d'une tige qu'il tourne contre le vase, comme s'il voulait le percer ; enfin une figure à tête et à corps de cochon et à longue crinière, la gueule un peu ouverte, en tout semblable à celle qui a été déjà décrite. Elle a la main gauche posée sur la tête d'un petit crocodile, et l'autre main sur un objet de forme triangulaire, qui sert aussi à porter l'homme à tête d'épervier. Ce petit crocodile n'est guère plus grand que celui qui est aux pieds du lion de l'autre scène, mais ici il est fort éloigné du lion.

» A droite et à gauche de cette scène, sont deux suites de figures qui font pendant à celles de l'autre côté, et qui regardent vers le milieu, mais qui ont de plus sur la tête des globes rouges. Elles sont au nombre de neuf, à tête et à corps d'homme, hormis trois qui ont des têtes d'animaux. A gauche elles sont absolument les mêmes, pour l'attitude et pour tout le reste (à quelque différence près dans le costume), que les neuf premières de la bande qui leur correspondent en face. Il faut ajouter que la première a dans la main une tige ou une sorte d'épieu. A droite, le neuvième personnage de la suite est entre les bras de la grande figure reployée, on y voit encore deux figures qui ont les bras liés ou cachés ; dans les mains des deux dernières sont des attributs qu'il n'est guère possible de qualifier. »

Dans l'une et l'autre scène placées au milieu des deux séries de personnages, nous reconnaissons d'abord la figure d'hippopotame, tracée, sur le zodiaque circulaire de Dendera, à peu près au centre du médaillon, près de la jambe de Taureau, et, sur le zodiaque rectangulaire, entre le Sagittaire et le Capricorne, derrière la vache mutilée qu'elle tient enchaînée par une des jambes de derrière. Nous retrouvons aussi, de part et d'autre, le personnage hiéracocéphale armé d'une pique. Nous voyons encore la vache, mais dans des conditions différentes, surtout d'un côté, celui que la description nomme le côté gauche. La vache, dans une attitude calme, est portée d'une manière qui répond à cette peinture d'Apulée : « *Et Bos, omniparentis deæ fœcundum* » *simulacrum, quod residens humeris suis profere-* » *bat unus è ministerio beato, gressu gestuoso* (1). » Au côté droit, c'est une figure semblable à celle que M. Mariette a décrite comme momie de Sérapis dans son mémoire sur les Apis, *Bull. archéol.*, juin 1855, p. 55. Nonobstant les différences, il est facile de reconnaître les analogues des vaches en opposition aussi sur le zodiaque de Dendera ; la momie remplace la vache mutilée et dont la jambe enlevée est probablement celle qui avoisine le pôle ; la vache portée par un prêtre correspond à celle qui se repose dans une barque sous le Cancer. Il est toutefois à remarquer que, sur notre monument, rien ne rappelle ici le Cancer, de même que, dans la scène corrélative, rien ne retrace le Sagittaire auquel, sur le zodiaque de Dendera, se rapporte la scène de la vache mutilée et enchaînée. Pour apprécier la

(1) La ressemblance est plus exacte à la procession de Medinet-Habou (Champ., pl. 222), où le simulacre est directement sur l'épaule du prêtre. Sur notre monument, la courbure du milieu de la base indique l'endroit qui posait sur l'épaule. Sur d'autres monuments, c'est un taureau. Ainsi le plafond du Ramesséum présente au centre une scène analogue à celle du côté droit du tableau dont nous nous occupons, le tombeau de Séti Ier offre la contre-partie, c'est-à-dire la scène du côté gauche du monument précité, et, dans le dernier cas, on voit un taureau. C'est aussi un taureau qui se montre, comme emblème tropique, sur la vignette du ch. VII du Rituel funéraire.

valeur de cette remarque, il faut se rendre compte de plusieurs autres détails.

Dans la scène de gauche, face à face avec le prêtre porteur de la vache, est un lion couché, la queue librement étendue; au-dessus est une femme placée horizontalement dans une direction opposée à celle du lion; au-dessous de celui-ci, est d'abord un petit crocodile replié sur lui-même, puis un scorpion. A la scène de gauche, on voit, en face de la momie de vache, un lion couché aussi, mais avec la queue repliée sous la croupe; au-dessous, un crocodile qu'un petit personnage à face humaine frappe d'une pique à la tête. Au-dessus de la momie, étendu horizontalement, un personnage humain qui n'a qu'un bras. Au Ramesséum, dans la scène analogue, le lion a une queue de crocodile; le crocodile sous-jacent n'est point attaqué: du côté opposé à ce lion et au crocodile, est d'abord un groupe hiéroglyphique, devant se lire Sk ou peut-être Sbk, déterminé par un petit crocodile replié sur lui-même, puis une figure féminine ayant au-dessus de la tête un globe et une image de scorpion. Au tombeau de Séti Ier, où la scène répond à celle du côté droit de notre monument, le groupe phonétique déterminé par le petit crocodile replié me paraît devoir se lire Srk ou Slk, ce qui est équivalent, et le même thème se reproduit à la suite, en rapport avec la figure féminine, moins son scorpion. Ainsi, pour ce dernier symbole, on a obtenu la gradation suivante: sur notre monument, simple scorpion; au Ramesséum, image de femme avec le scorpion sur la tête; au tombeau de Séti Ier, image de femme sans scorpion: dans ces divers cas, le groupe Srk ou Slk, qui signifie *scorpion* et qui forme le nom de la déesse *Selcis*, s'adapte très-bien. Le rapport de ce symbole avec le lion, dans une scène astrographique, donne dès l'abord à penser qu'il s'agit de signes zodiacaux; mais les deux lions ne peuvent représenter le même signe, d'abord parce qu'ils se trouvent évidemment dans des circonstances opposées, en second lieu et surtout parce qu'ils offrent dans leur configuration des particularités d'une différence tranchée Ces particularités me semblent indiquer avec clarté une relation à l'inondation, dont le lion, d'une manière générale, était l'emblème : ainsi celui qui répond à l'exaltation de la vache ou de Sôthis et qui a la queue déployée figure l'état de débordement, la libre et pleine expansion des eaux; l'autre, qui fait face à Sôthis ensevelie et qui a la queue rebroussée, signifie l'état des eaux rentrées dans le lit du fleuve. Le premier lion doit donc être le *Lion* zodiacal de l'hémisphère boréal; il se trouve en rapport avec trois autres figures dont la dernière est le *Scorpion;* les intermédiaires doivent donc être les signes zodiacaux intermédiaires aussi; il est très-facile de voir en effet la *Vierge* dans l'image féminine; dès lors le petit crocodile replié doit être la forme primitive du signe figuré plus tard par une balance, et ainsi, d'une manière inattendue, me paraît résolu un point fort important de controverse archéologique, car on sait combien de discussions contradictoires a fait naître la question du plus ou moins d'ancienneté de l'introduction d'une image de balance parmi les emblèmes des divisions duodécimales de l'écliptique. Dans notre tableau du Ramesséum, les quatre signes indiqués sont donc ceux sous lesquels durait l'inondation en rapport avec le lever matutinal de *Sôthis*.

Le lion opposé, qui doit répondre à la situation inverse et être aussi un signe zodiacal, ne peut donc être le lion couché avec la tête retournée, sous la Balance, au zodiaque circulaire de Dendera, puisque celui-ci est loin encore du point où toutes les eaux seront rentrées : la signification en est donnée par la variante du Ramesséum, le lion à queue de crocodile; c'est évidemment en effet l'analogue du lion à queue de poisson qui remplace le Capricorne sur une médaille d'Antonin frappée en Egypte et décrite par Barthélemy, *Mém. de l'Académie des inscript.* in-12, t. LXXX, p. 486, n° 11. Ces deux signes de lions sont, relativement à l'inondation, dans le même rapport que, sur le zodiaque de Dendera, le Cancer et le Sagittaire auquel appartient le décan *Kenmou*; ils font allusion, d'une part, au commencement et à la durée du débordement; de l'autre, à l'époque du repos des eaux rentrées complétement dans leur lit : il en résulte que le solstice d'été est ici au Lion (1).

Les autres détails sont en rapport avec cette explication. Ainsi, suivant Elien, *Hist. anim.* l. x, c. 24, les Egyptiens représentaient l'eau par le crocodile, et de là venait qu'ils vénéraient cet animal. Or, nous voyons dans la scène de droite, d'une part un cro-

(1) Le solstice d'été a correspondu à la constellation du Lion depuis — 4619 jusqu'à — 2504. L'indication du monument n'implique pas, selon moi, que le solstice était encore astronomiquement au Lion, car il a pu en être de ce signe comme plus tard et aujourd'hui même du Cancer. D'après M. de Rougé, *Notice des monn. égypt.*, 1855, p. 22, on restera dans la limite du probable en plaçant vers — 1500 le commencement de la XIXe dynastie pharaonique, époque de notre monument.

codile libre sous le lion et un grand crocodile sur le dos de la déesse Hippopotame au-dessus de la tête de laquelle la sienne proémine en signe de l'élévation de l'eau. Au côté opposé, au contraire, la déesse repousse d'une main un petit crocodile, image de l'abaissement du Nil, et un autre crocodile est frappé de la pique par un personnage hiéracocéphale.

Le rôle double et opposé que joue ici la déesse Hippopotame justifie ce que Plutarque dit de la reine *Thouar* ou *Grand-Vent* qui, concubine de Typhon, poursuivit d'abord Horus, puis se rangea du parti de ce dernier dieu et fut bien accueilli par lui. L'allégorie s'explique par l'opinion des Anciens au sujet de la double origine et de la double influence des vents, les uns étant, comme le dit Hésiode dans sa Théogonie, issus de Typhée, dénués de toute utilité et tourmentant, au contraire, les navigateurs par d'affreuses tempêtes; les autres, émanés des dieux, n'apportant que des bienfaits aux mortels. C'est à raison de sa domination sur les vents, que la déesse a le ventre gonflé comme une outre, et cette attribution a peut-être été suggérée par l'un de ses noms, *Rir-t*, qui veut dire *laie* et *hippopotame femelle*, mais dont le thème signifie aussi *circulation*, telle que celle du vent, et qui me paraît, au ch. 142 du Rituel funéraire, employé dans ce sens pour l'un des noms d'Osiris, Rir Thou, *circulation du vent*, avec la voile gonflée pour déterminatif. A ce double rôle répond la différence du symbole que la déesse tient sous l'une de ses mains, tantôt un glaive, tantôt un objet dont la nature n'est pas encore rigoureusement déterminée, que le passage du grand ouvrage de la Commission d'Egypte précédemment cité désigne comme un vase et que M. de Rougé regarde comme un nœud : dans le premier cas, il s'agit des souffles hostiles, destructeurs ; dans le second, l'image doit être en rapport avec l'idée des souffles bienfaisants, vivifiants. Cette question se lie trop à mon sujet pour que je ne m'y arrête pas, au prix d'une digression que je prie les lecteurs de me pardonner.

La déesse Hippopotame, pourvue du dernier symbole, est souvent représentée comme favorisant l'enfantement, la naissance, et c'est en effet dans ce rôle que nous la voyons sur l'un des tableaux centraux des monuments dont nous nous occupons. Plus souvent encore le symbole seul est employé pour exprimer un acte vivifiant, fortifiant ou curatif. Il a, dans des circonstances analogues, pour équivalents soit une figure que M. de Rougé considère comme un nœud plus compliqué, formé de huit boucles opposées quatre par quatre sur les côtés d'une ligne horizontale, soit un vase surmonté d'une flamme vacillante.

D'après ce qui a été dit précédemment, c'est comme maîtresse de l'air ou du vent que la déesse Hippopotame remplit le rôle indiqué dans ces circonstances : c'est alors l'Héra ou la Junon de la mythologie grecque et latine dont il est dit dans les hymnes orphiques : « Héra, reine souveraine à forme aérienne qui résides dans les golfes cyanés, heureuse épouse de Jupiter, toi qui accordes aux mortels des souffles vivifiants et bienfaisants, mère des nuées, nourricière des vents, tu es la génératrice universelle, car sans toi rien ne connaîtrait la vie. »

M. de Rougé, à la page 532 du mémoire précité, a résumé les expressions verbales par lesquelles l'acte dont il s'agit est énoncé sur la plupart des monuments;

ce sont des termes généraux qui n'expliquent point en elle-même la nature de l'acte, savoir : *Être dans l'action de..., exercer l'action de..., donner..., apporter..., compléter..., fixer...* Mais une image d'un sens plus explicite existe sur le pyramidion d'un obélisque de Karnak reproduit par M. Birch, *Gallery*, pl. 32. L'acte exécuté par le dieu Amon-Ra en faveur du mari de la reine Amense, au moyen de l'extension des bras derrière la tête du Pharaon, est hiéroglyphiquement exprimé par un éventail dont le manche, à l'extrémité inférieure, est garni de ce que l'on regarde comme un sceau (1). L'idée fondamentale attachée à cette figure ne peut être, au propre, que celle d'agitation de l'air, de souffle, de rafraîchissement bienfaisant, et elle est, par conséquent, en rapport parfait avec l'un des rôles de la déesse Hippopotame. Phonétiquement, en la rapprochant des n[os] 8 et 9 des phonétiques de M. Birch, dans l'*Ægypt's place*, t. I, p. 567, on reconnaît dans les deux dernières formes des réductions linéaires de la première, celle de la *Gallery*, et la dernière précisément est celle sur laquelle s'appuie la déesse Hippopotame dans son rôle bienfaisant ; c'est, restreint à la plus simple expression, l'éventail, ou signe d'un souffle favorable. On doit donc admettre d'abord la valeur alphabétique SN. Cette valeur ressort de la composition de la figure à l'état complet, tel que sur le pyramidion : on voit en effet en premier lieu l'éventail proprement dit ; cet instrument se lie phonétiquement et idéographiquement à des radicaux égyptiens, *sor* et *sat*, qui, par eux-mêmes, ont un rapport

(1) Cfr. Cailliaud, pl. 71 et 72, bien que les dessins ne soient pas aussi exacts.

étroit avec l'acte dont il s'agit, car l'un signifie *semer*, *distribuer*, *répandre*, *ventiler*, l'autre *jeter*, *lancer*, *émettre*, *transmettre*; l'idée essentielle est donc celle d'émission, de transmission d'un principe qui doit pénétrer comme un germe ou comme un souffle. En second lieu, on remarque, au bas de la figure, non peut-être un sceau, mais un vase renversé semblable à ceux qu'on nommait ampoulles (1). L'un des noms de ce vase était HN, en copte *Hno*, souvent réduit à *N* simplement dans l'écriture hiéroglyphique. En réduisant pareillement le nom de l'éventail à une consonne, la consonne initiale, soit s, on a SN base d'un thème que l'on trouve fréquemment avec le sens de *souffle*, *d'haleine*, etc. (2).

(1) Je ne nie pas qu'une figure très-ressemblante, qui se présente avec le sens KHTAM, *clore*, *fermer*, ne soit en effet un sceau; mais j'estime que ce sont deux objets différents, et je crois que dans le dessin la distinction est souvent indiquée par la minceur de la ligne inférieure lorsqu'il s'agit de représenter le simple bord d'un vase ou l'élargissement de cette ligne lorsqu'il faut indiquer la surface pleine d'un chaton. Sur une des planches des *Etudes* de M. l'abbé Vandrival, Isis et Nephthys sont représentées dans l'action dont il s'agit à l'égard du défunt que renfermait le double sarcophage dont l'auteur donne l'explication; la légende porte, d'un côté ; « Isis, grande mère divine, fait..., » de l'autre côté : « Nephthys, divine sœur, fait... à l'Osiris. » Le complément du Verbe est, dans le dernier cas, la figure regardée comme un nœud compliqué ; dans le premier, un objet qui me paraît ne pouvoir être que la représentation développée des deux images linéaires placées, dans une situation analogue, devant les genoux d'Isis et de Nephthis, sur la vignette C du ch. 151 du Rituel funéraire; cette figure développée me semble ne pouvoir être comparée qu'à un vase.

(2) L'emploi de la figure en question comme seconde consonne du nom de décan *Seschmou* au tombeau de Ramsès IV a fait penser que la valeur phonétique de ce signe est *sch;* mais cette articulation permutait souvent avec *s*, en sorte qu'il peut y avoir là une variante orthographique *Sesmou*=*Seschmou*. En maintenant rigoureusement d'ailleurs, dans ce cas comme dans les autres, la leçon *Seschmou* on n'aurait qu'un fait unique

Le vase dont il s'agit est souvent pris dans l'acception plus étroite et spéciale de *Vase à parfum*, de *parfum*, en copte *Hêné*. C'est expressément, si je ne me trompe, à raison de cette signification qu'il est ici ajouté à l'image de l'éventail ou mentalement impliqué dans la réduction la plus simple de cet instrument, par la figure linéaire de l'extrémité épanouie, ou enfin, en quelques cas, ajouté à cette figure comme déterminatif. C'était en effet l'association d'idée de parfum qui exprimait celle de souffle agréable, conservateur, vivifiant : on sait que, dans l'opinion des Anciens, le parfum caractérisait essentiellement la nature divine, la participation à l'immortalité ; ce sont donc vraisemblablement ici des éma-

qui ne détruirait pas la valeur *s* avérée dans d'autres endroits, par exemple au ch. 17 du Rit. fun., dans un passage de la colonne 93 comparé à un passage parallèle de la colonne 92. On a encore regardé ce signe comme valant *k* dans le nom de la tresse de cheveux, mais il est possible que l'expression s'applique, non à la forme flexueuse *kn* de cet ornement, mais à sa condition caractéristique d'être parfumé ; cette explication peut s'appuyer sur cette phrase du Rituel, xxx, 2 et 3 : « Honneur à vous, dieux qui respirez un arome parfumé, » laquelle a pour déterminatif la tresse de cheveux. Dans l'hymne de Callimaque à Apollon, on lit : « De sa chevelure découle une essence parfumée : mais non, ce ne sont point des parfums, c'est la *panacée* même qui distille des cheveux d'Apollon. Heureux le sol que ce baume humectera ! Il n'y croîtra que des germes salutaires. » (Trad. de M. Laporte-Dutheil.) La *panacée*, tel est le nom mystique du principe vivifiant dont il s'agit ; aussi Virgile, *Enéid.* XII, dit-il de Vénus pansant une blessure de son fils bien-aimé :

Hoc (Dictammum) Venus, obscuro faciem circumdata nimbo,
Detulit : hoc fusum labris splendentibus amnem
Inficit, occultè medicans ; spargitque salubres
Ambrosiæ succos, et odoriferam panaceam.

On doit, à ce sujet, se souvenir de ce que Plutarque raconte d'Isis à son arrivée à Byblos : elle excite surtout la surprise par l'odeur délicieuse, par l'ambrosie qui s'exhale de la surface de son corps et dont ses doigts imprègnent la chevelure des suivantes de la reine.

nations odorantes, ambrosiaques, que les divinités sont censées transmettre dans les diverses circonstances où la formule est employée, particulièrement dans les cas de revivification: elles ont pour objet et pour effet de neutraliser un principe analogue par sa subtilité, mais opposé par ses résultats, le principe ou venin de la maladie, de la destruction, qui tend à s'insinuer dans les membres, soit pendant la vie, soit après la mort.

La figure comparée à un nœud compliqué me paraît être plutôt un régime de dattes (1). On saisit un rapport avec les idées précédentes au moyen de l'analogie phonétique de Hnau, *Rami palmæ vel vitis in quibus sunt dactyli adulti et uvæ*, avec Hno, *vas* et Hêné, *aromata*, dont il a été ci-dessus parlé. Peut-être le rapport se borne-t-il à cette coïncidence. Cependant je ne crois pas inutile d'ajouter que le palmier, d'une manière générale, se rattachait à l'idée de régénération, et, à un point de vue spécial, que le vin de palmier était considéré comme possédant une force conservatrice qui le faisait employer à l'embaumement. Cette liqueur était comparée au sang, et l'on sait par Moïse que le sang, chez les Hébreux, était regardé comme le véhicule de l'esprit vital; il en était probablement de même chez les Egyptiens; on peut le déduire, je crois, du chap. 134, col. 5 et 6, et du commencement du ch. 136 du Rituel

(1) Ici encore je reconnais qu'une figure semblable, le plus souvent cependant dans une direction verticale, a aussi représenté un cordage de navire et un lacet pour prendre des animaux, en un mot, d'une manière générale, une corde entrelacée : mais on trouve certainement cette figure comme représentation d'un régime de dattes dans des tableaux de récoltes, et les analogies que je signale sous cette acception me paraissent militer de préférence en sa faveur.

funéraire. Ce serait donc ici le principe vital circulant non plus avec l'air, mais avec le fluide sanguin et s'en dégageant aussi comme un arome : la fragrance du sang est en effet caractéristique; le nom *snof* y a peut-être rapport.

Enfin, dans les textes où le déterminatif est une cassolette d'où s'élève une flamme, c'est à la chaleur, au feu que le principe vital est assimilé.

Dans les deux derniers cas, la désignation phonétique n'est pas SN que j'ai attribuée à la figure réduite de l'éventail : elle est remplacée par un synonyme, BS, qui s'applique aussi, dans plusieurs cas, à cette figure réduite. Or nous retrouvons, dans les nuances de significations de ce synonyme, les idées variées que je viens d'indiquer : 1° celle de *souffle*, *respiration*, SN, au ch. 41 du Rituel funéraire, à la fin de la 1re colonne, et en même temps celle d'*arome* dans la représentation du dieu *Bes* sur les vases à parfum de la toilette des femmes égyptiennes (1) ; 2° celle de *dattes*, dans un exem-

(1) Je ne méconnais pas ce qu'il y a souvent de contraire à une saine critique à chercher des rapports étymologiques de mots d'une langue dans un idiome différent, tel que l'hébreu ou le phénicien relativement à l'égyptien : cependant on a déjà constaté assez d'analogies, ce me semble, pour permettre certains rapprochements, s'ils ne sont d'ailleurs exposés qu'avec une juste réserve. Ainsi, il me paraîtrait difficile de ne pas citer, à propos du mot égyptien *Bes* tel que je l'explique ci-dessus, les termes sémitiques BAASCH, *male oluit*, *fœtuit*, et BASAM, *bene oluit*, qui, pris au figuré et moralement, ont un sens en harmonie avec le double caractère du dieu *Bes*, tantôt armé d'un bouclier, brandissant une épée ou tirant de l'arc, tantôt jouant de la harpe ou des cymbales et paraissant se complaire au son des instruments et à la danse : en effet, d'une part, BAASCH signifie *être brave*, *audacieux*, *belliqueux*; de l'autre part, BASAM, *être doux*, *agréable*, *d'un bon naturel*. Ce rapprochement n'est pas sans fondement, car, sur les médailles phéniciennes que M. de Saulcy a si justement attribuées à Ebusus, à côté d'une légende valant BSM, plus sou-

ple cité dans le vocabulaire de M. Birch ; 3° celle de *jet de flammes*, au Rituel, ch. 146, rubrique du 8° pylône. Ces acceptions diverses doivent avoir un lien commun : ce lien me paraît être la nature subtile, la propriété, d'une part, d'exhalation, de dissémination, de projection ; d'une autre part, de pénétration, des éléments dont il s'agit, en même temps que leur puissance excitatrice. C'est ainsi que, de SAT, *jacere*, *projicere*, *serere*, *seminare*, radical de l'un des noms de l'éventail, *sato*, se sont formés les substantifs STI, *odor*, et SATE, *flamma*, *ignis*. Pour BS, le radical en copte est BAK, *emittere*, *jaculari*(1), d'où BAKMATOU, *venenum jaculans*, *emittens*. Nous trouvons comme dérivés, à côté de BES, *datte* et *jet de flamme*, BAKA, *dattier*, *vin de palmier*, *baume*, en copte BUKKI, *fructus maturus*, *caducus*, et BAK, *lumière*, en copte BASCH (*ou-basch*).

En résumé donc, la déesse Hippopotame, telle qu'elle est figurée sur les monuments de Thèbes que nous étudions, remplissait le double office de destruction et de

vent AI ESAI (*ai* signifie *île*), on voit l'effigie d'un dieu grotesque qui ressemble au *Bes* égyptien, et qui lui a été en effet comparée par Raoul-Rochette dans le mémoire sur l'Hercule phénicien, bien que le célèbre archéologue, ne connaissant point alors le nom égyptien *Bes*, n'ait pu être frappé du rapport onomastique comme il l'a été du rapport iconographique, et qu'il ait révoqué en doute l'attribution précitée.

(1) M. Birch reconnaît cette permutation dans BS, *apporter*, *amener*, *accompagner*, qu'il compare au copte BEK, *venir*, etc. M. de Rougé, dans son mémoire sur la stèle de la Bibliothèque impériale, a signalé une déesse *Bes* qui préside aux enfantements avec la déesse Hippopotame au ventre protubérant, et il a rattaché ce nom, ainsi que ces circonstances, au thème copte OOISI, *intumescere* ; ce thème lui-même n'est-il pas équivalent à BOKI, inusité, à la vérité, à cet état absolu, mais que M. Peyron a discerné dans EMBOKI, MBOKI, *concipere*, *gravida fieri* ? Enfin il n'est peut-être pas hors de propos d'ajouter que le nom de singe, BISA, se retrouve dans le Berbère *Bki*, *Ibki*.

réparation, dont j'ai plusieurs fois déjà signalé la connexité (1), et c'était primitivement à raison de son empire sur l'air que ce privilége lui était attribué.

Pareil contraste au sujet des autres personnages de ces scènes médianes dont il me reste à parler. Ils sont au nombre de deux de chaque côté ; à droite, un personnage humain à tête d'épervier, tenant un long trait dont je ne puis indiquer la nature, et le prêtre portant la vache Sôthis ; à gauche, deux personnages humains à tête d'épervier, tenant chacun une pique, dont l'un frappe la momie de vache ; l'autre, plus petit, frappe la tête d'un crocodile. Le personnage hiéracocéphale de droite et celui de gauche qui frappe la momie, sont, ainsi que d'autres monuments le prouvent par un groupe onomastique, *An* dont j'ai parlé dans la première partie de ce travail : la répétition n'est pas étonnante ; en effet, *Janus*, que j'ai dit répondre à ce nom, dit, dans son dialogue avec le poëte auteur des ***Fastes*** :

> Me penes est unum vasti custodia mundi,
> Et jus vertendi cardinis omne meum est.

Il présidait, comme le dit Macrobe, *Sat.* I, 14, non-seulement au mois de janvier, mais à l'entrée de cha-

(1) C'était, je ne saurais trop le dire, un dogme fondamental de la doctrine égyptienne. On en trouve un autre exemple dans les détails du sujet dont je viens de m'occuper sommairement. En effet, le principe de corruption et de mort que les émanations précitées étaient destinées à annihiler était souvent mentionné sous l'appellation de Venin de Scorpion, et en même temps cependant le scorpion était un emblème du souffle vital, de secours, et la déesse Scorpion, *Selcis*, concourait, avec Isis, Nephthys et Neith, à la conservation des viscères de la momie au moyen des actes mêmes dont il vient d'être question, ainsi que le prouvent les inscriptions des vases funéraires dits canopes.

que mois, plus particulièrement aux points cardinaux ; enfin, et ceci s'applique plus expressément à nos tableaux, Plutarque, cité par Dupuis, met dans la constellation de la Vierge une étoile du nom de *Janus*, la première qui se lève devant les pieds de l'astérisme.

Le second et plus petit personnage hiéracocéphale de la scène gauche, armé aussi d'une pique, ne peut être exactement identique au précédent ; par sa tête d'épervier, son arme et son attitude, il est absolument semblable au génie de point cardinal des coudées *Timoutef*. Sur la plupart des autres monuments, ce génie a une tête de chacal et il est accompagné d'un groupe onomastique composé d'une *étoile* TI, d'un *vautour* MOUT, *mère*, d'un serpent valant F, pronom affixe de la troisième personne sing. masc., faisant fonction de pronom possessif; sur la coudée, TI est exprimé par l'image dont nous nous occupons. On assimile TI au copte TAIO, *honorer*, et l'on traduit le tout, *celui qui honore sa mère* ; l'étoile qui donne *ti* justifie cette interprétation. Sur notre monument point de groupe onomastique ; mais la disposition de la figure et son action ne permettent en aucune manière de lui accorder la qualification ci-dessus ; au contraire TI doit ici signifier évidemment COMBATTRE, *celui qui combat sa mère*, c'est-à-dire *Sôthis*, comme nous l'avons vu au zodiaque de Dendera, ou l'inondation, qui était sous l'influence de *Sôthis*, ce qui revient, par conséquent, au même. Mais le correctif est au côté droit; TIMOUTEF *honorant, glorifiant sa mère*, est le personnage qui porte majestueusement l'image de SÔTHIS, MOUT, *la mère*, ou, comme dit Apulée, *omnipotens Dea*.

Un rapport de phase lunaire, celle de l'opposition,

s'attachait en outre à ces scènes, car je ne doute pas qu'on ne doive, malgré de légères inexactitudes de détail, ce me semble, y rapporter ce passage de Porphyre cité par Eusèbe, *Prép. évang.*, l. I, « la seconde phase de la lune est consacrée dans la ville d'Apollon ; le symbole en est un homme à face d'épervier qui, un dard à la main, terrasse Typhon sous la forme d'un hippopotame. La statue est de couleur blanche. Cette blancheur marque l'illumination de la lune, et le visage d'épervier(1) désigne qu'elle est éclairée par le soleil et qu'elle en reçoit l'esprit. »

Chacune des scènes que je viens d'examiner est entre deux séries de personnages humains qui convergent vers elle. Du côté droit, une série est composée de 10 figures, l'autre de 9, pour toute la bande 19 ; du côté gauche, une série de 9, l'autre de 8, pour la bande entière, 17 ; somme des deux bandes, 36. A ce chiffre on pourrait d'abord soupçonner les décans ; mais avec un peu d'attention, il est facile de reconnaître des génies de jours. Il n'y a pas toutefois une série mensuelle complète ; plusieurs figures sont répétées, et l'ordre n'est pas régulièrement celui des jours dans l'évolution mensuelle. Ce n'est donc pas sous le point de vue de la formation mensuelle à proprement parler que ces figures sont employées ; pour découvrir leur destination spéciale, il faut comprendre l'ensemble de la décoration et, en particulier, la signification de la partie comprise entre ces deux bandes parallèles de génies de jours.

(1) *Timoutef* a ordinairement un visage de chacal, mais c'est lorsqu'il désigne la glorification de sa mère ; sur la coudée comme sur notre monument, il est hiéracocéphale. Le symbolisme de cette forme explique aussi la forme hiéracocéphale de Khons-Lunus, que nous avons vu, sur le zodiaque circulaire de Dendera, correspondre en effet à une pleine lune.

Cette partie intermédiaire est composée d'abord, le long de chacune des bandes extrêmes ou bandes de jours, d'une bande parallèle divisée en 135 quadrilatères; pour les deux bandes ensemble, 270. Plus intérieurement, deux autres bandes parallèles et contiguës, ne contenant, chacune, que cinq globes à égale distance l'un de l'autre, en tout dix globes. L'espacement de ces globes est tel, que de chaque côté, 27 quadrilatères, trois par trois, sont successivement compris dans l'espace qu'un globe détermine. L'idée qui se présente dès lors à l'esprit c'est qu'il s'agit de mois lunaires périodiques de 27 jours, les globes représentant probablement des lunes; pour l'ensemble donc, dix mois produisant 270 jours.

L'histoire dit que la première forme de l'année romaine, sous Romulus, était de dix mois. Macrobe prétend qu'elle était constituée par six mois de 30 jours, et quatre de 31 jours, qu'elle contenait, par conséquent, 304 jours. Mais on ne découvre aucune raison à cette fixation. Ovide en indique implicitement une autre par ces vers, *Fastes*, l. I et III :

> Tempora digereret quum conditor Urbis, in anno
> Constituit menses quinque bis esse suo.....
> Est tamen et ratio, Cæsar, quæ moverit illum,
> Erroremque suum quo tueatur habet :
> Quod satis est utero matris dum prodeat infans,
> Hoc anno statuit temporis esse satis.
>
> . . . . . . . . . . . . . . . .
>
> Annus erat decimum quum luna repleverat orbem;
> Hic numerus magno tunc in honore fuit,
> Seu quia tot digiti per quos numerare solemus,
> Seu quia bis quino fœmina mense parit.

Cette donnée d'une période égale à la durée de la

gestation de la femme ne peut s'appliquer à dix mois de 30 et 31 jours; elle est, au contraire, parfaitement exacte pour dix mois de 27 jours chacun, car la somme 270 (1) est précisément égale à celle de neuf mois de 30 jours. Ce n'est qu'à cette condition que s'applique aussi ce vers de Virgile dans son Eglogue cyclique :

Matri longa decem tulerunt fastidia menses.

Cette période ne pouvait cependant constituer réellement une année; aussi notre tableau porte-t-il le témoignage d'un complément. Devant la face de chacune des images allongées et recourbées de femme, c'est-à-dire des emblèmes du ciel, est un globe, ce qui porte le total des globes, symboles de la lune ou d'un mois, à douze. En outre, entre les bras de chacune de ces images est une figure d'homme dans une position opposée à celle de ces bras, mais identique à celle des génies de jours de la bande extrême sur l'alignement de laquelle

(1) Un médecin irlandais, M. Math. Duncan, a fait récemment de nouvelles recherches sur la durée de la grossesse; il conclut que la durée moyenne, suivant des observations certaines, entre la conception et la parturition, est de 275 jours, et il ajoute ce curieux passage d'Harvey, le grand médecin qui a découvert le mécanisme de la circulation du sang : « Assurément la durée de la gestation est celle que nous croyons avoir été observée dans le sein de sa mère, par J.-C, notre Sauveur, de tous les hommes le plus parfait ; or, elle comprend depuis la fête de l'Annonciation au mois de mars jusqu'au jour de la Nativité en décembre. Les matrones prudentes calculent d'après la règle que voici ; notant le jour du mois où se montre habituellement leur époque cataméniale, elles y ajoutent *dix mois lunaires* et tombent sur le jour où commence le travail de la parturition. » (*Gaz. méd. de Paris*, 28 nov. 1858.) Ovide dit encore au livre II :

Luna novum decies implerat cornibus orbem,
Quæ fuerat Virgo credita, mater erat.

elle se trouve; sa marche est en sens inverse de celle de ces génies. Ces dispositions me paraissent exprimer des périodes additionnelles, complémentaires; mais en quoi consistaient-elles? On peut faire à ce sujet deux hypothèses, savoir : 1°, ou les deux globes écartés indiquaient isolément deux autres mois de 27 jours aussi chacun, mis en dehors pour une cause à rechercher, et, comme l'addition de 54 jours ne donne encore, pour la somme des douze mois, que 324, les 36 jours marqués dans les bandes extrêmes parfont le total 360, que l'on sait avoir été celui d'un mode d'année solaire; les personnages humains à rebours entre les bras des déesses-ciel, n'auraient pas de valeur numérique, ils indiqueraient seulement que les 36 jours sur les lignes desquels ils sont marchent en dehors des mois proprement dits et forment deux quantités supplémentaires, dont les éléments s'intercalaient entre ceux des mois additionnels, en doublant ou triplant les jours homonymes ; 2° ou les deux globes écartés, qui sont plus petits que les autres, indiquent deux périodes additionnelles moindres, composées, l'une des 19 jours de l'une des bandes extrêmes, l'autre des 17 jours de l'autre bande : le total de l'année serait alors de 306 jours.

On est frappé de la ressemblance, à deux unités près, de ce chiffre avec celui de l'année romulienne selon Macrobe. Il semble alors facile de concilier l'assertion de cet auteur avec celle d'Ovide; le poëte n'a eu en vue que les dix mois proprement dits, et il a su que ces dix mois comprenaient un nombre de jours égal à celui de la gestation de la femme; mais il n'a point connu ou n'a point voulu parler du complément : le philosophe a connu aussi l'existence de dix mois, il a cru pareillement qu'ils composaient toute l'année, mais ignorant l'allégorie cachée sous leur nombre et sachant, d'une autre part, que le total des jours de l'année était de 304, il a fait, de sa propre autorité ou sur un document fautif, la répartition de ce total entre les dix mois seulement, de la manière qui a paru la plus vraisemblable. Ce qui aurait occasionné l'ignorance de l'un et de l'autre au sujet des périodes complémentaires, c'est qu'en général c'était un caractère des épagomènes, chez toutes les nations qui en possédaient, d'être tacites, d'avoir un certain cachet néfaste (1). Les analogies que l'on a remarquées dans l'archéologie des Egyptiens et celle des Etrusques expliqueraient, par l'intermédiaire de ceux-ci, la similitude de la forme primitive de l'année.

Dans la supposition que les deux globes écartés indiquent deux mois de 27 jours comme les autres, indépendamment des périodes complémentaires de 19 et de 17 jours, la moindre dimension de ces globes n'aurait pour objet que d'indiquer la moindre considération des mois. Dans ce cas, il y a à rechercher la cause de leur séparation et de ce moindre degré de considération, car, bien que l'identité de durée des dix mois privilégiés avec celle de la gestation de la femme soit, en fait, exacte, il me semble qu'en ne s'en tenant qu'à la femme, ce ne peut avoir été un motif réel de pareille distinction. Il fallait qu'il y eût sous cette apparence toute la force d'une idée religieuse : or cette idée était celle de la gestation d'Isis assimilée à la gestation de la femme, ou plutôt supposée comme type. Les deux mois en de-

(1) « Annum vertentem Romæ Licinius quidem Macer, et postea Fenestella, statim ab initio duodecim mensium fuisse scripserunt. » Censorin., *De die nat.*, xx.

hors semblaient dès lors n'avoir point de but, ou plutôt, parce qu'ils correspondaient à la période pendant laquelle Typhon était né, ainsi qu'à celle pendant laquelle s'était livré le grand combat de ce mauvais génie contre Osiris ou contre Horus, ils étaient détestés, néfastes : la direction des deux personnages, séparés comme les petits globes, exprimait cette opposition, ce caractère typhonien, Tioubé (=tiouphé?), *oppositio*.

Je ne vois pas en ce moment de motif péremptoirement déterminant pour l'une ou l'autre hypothèse ; mais, quoi qu'il en soit, le fait d'une base de dix mois de 27 jours chacun et de deux mois ou périodes en dehors de cette base ne m'en paraît pas moins établi : c'est le point que j'avais expressément en vue.

D'autres monuments confirment ce résultat.

Ainsi, d'abord, au plafond du Ramesséum, que l'on peut dire contemporain, on saisit au premier aperçu une grande ressemblance de décoration et l'on peut présupposer une analogie d'intention. D'une part, on voit une scène semblable à la scène médiane de la bande gauche des jours du tableau que nous venons d'analyser ; la contre-partie se trouve à la décoration similaire du tombeau de Séti Ier. D'un autre côté, au Ramesséum, on reconnaît deux séries de jours, qui, bien que dépassant le nombre 30, ne représentent pas complétement les génies de la série mensuelle. Enfin on voit deux séries de mois, l'une caractérisée par les noms saisonniers de l'année fixe, ou civile, l'autre par les noms théologiques et les génies de l'année vague ou religieuse. Or, il y a cela de remarquable dans cette dernière série, que deux mois, ainsi que je l'ai déjà dit, ne sont pas dénommés et n'ont point d'images de génies qui les représentent : ce sont ceux qui correspondent à *Mékhir* et *Phaménot* dans la nomenclature vulgaire. La concordance de ce fait avec la mise à l'écart de deux globes lunaires ou mensuels dans le tableau précédemment étudié ne me laisse aucun doute sur la justesse de l'opinion que j'ai déjà émise, savoir, que les qualifications *grande chaleur* et *petite chaleur*, qui ont été attribuées à ces mois, et qui semblent en effet leur correspondre, ne leur appartiennent pas en réalité, mais se rapportent aux solstices (1), ou plutôt, peut-être, aux époques effectives de la plus grande et de la moindre chaleur, lesquelles, bien qu'en relation étroite avec les solstices, ne coïncidaient pas exactement avec eux, mais leur étaient postérieures, ce qui indiquerait

(1) Une particularité de la décoration en apparence indifférente, me paraît, par la réflexion, ajouter son poids à mon opinion. Dans la série des mois vagues, le pharaon, désigné chaque fois par son prénom et son nom, fait des offrandes à chaque génie de mois et au chacal correspondant à la qualification *grande chaleur* ; il n'en fait point au chacal opposé, à celui près duquel est écrit *petite chaleur* : je ne vois aucune explication de cette différence en prenant ces qualifications pour celles de mois. Cependant il n'y avait rien de capricieux, rien sans motif dans des décorations de cette nature chez les Anciens. Or l'explication se présente naturellement si l'on considère ces dénominations et les chacals auxquels elles sont attachées comme des indications solstitiales et si on leur applique l'esprit de ces passages d'Hérodote, II, 101 et 121, si ingénieusement signalés et interprétés par M. Biot : « A Memphis, au temple de Phta, le roi Rhamsinités avait fait ériger, en avant des propylons regardant l'occident, deux statues hautes de vingt coudées ; l'une d'elles, qui est placée au nord ou tournée vers le nord, les Egyptiens l'appellent l'Eté ; l'autre, qui est placée au midi ou tournée vers le midi, ils l'appellent l'Hiver. Celles qu'ils appellent l'Eté, ils l'adorent et lui offrent des hommages ; mais à celle qu'ils appellent l'Hiver, ils font tout le contraire. » N'est-ce pas là comme un commentaire exprès de la particularité que je viens de relever, et n'en ressort-il pas incontestablement que le point où le chacal est privé d'hommages est celui de l'hiver ?

deux séries commençant chacune au signe zodiacal immédiatement postérieur à celui du solstice voisin, comme aux deux séries du zodiaque rectangulaire de Dendera ; cela expliquerait l'existence de fêtes de la grande et de la petite chaleur, indépendantes de celles des solstices. Quoi qu'il en soit de ce point de vue secondaire, les qualifications dont il s'agit me paraissent absolument étrangères aux mois *Mékhir* et *Phaménot*; ces mois sont innominés pour les raisons précédemment exposées.

Mais il y a, entre le tableau du Ramesséum et celui précédemment étudié, une différence notable en ce qui concerne le nombre des génies de jours; en effet, au Ramesséum, on en compte, dans une série centrale, 20, savoir 11 d'un côté et 9 de l'autre; dans une série marginale 26, savoir 13 dans une bande extrême et autant dans une autre qui est parallèle : en tout 46, et, par conséquent, 10 de plus que dans le premier tableau.

Avant de chercher l'explication de cette différence, il convient de s'arrêter à une autre particularité du plafond du Ramesséum : c'est qu'il y a deux modes d'expression des mois composant une révolution annuelle, un mode religieux, comme je l'ai dit, et un mode civil. C'est dans le premier que se montre l'éviction des deux mois *Mékhir* et *Phaménot*. Dans l'autre série, on trouve l'indication correspondante à celle de *Mékhir* ; au delà, sur la copie de Champollion, trois rubriques manquent; ce nombre dépassant celui des mois manquant à la série religieuse et ne comprenant pas d'ailleurs *Mékhir*, autorise à penser que la disparition des trois notations saisonnières est, non intentionnelle, mais fortuite et l'effet de la dégradation. Cette différence s'explique naturellement par la différence de caractère de chacun des modes d'année, l'un civil, je le répète, et l'autre rituel : à celui-ci seul appartenait la forme que j'ai déjà dit avoir été fondée sur une idée religieuse. J'ajouterai que, d'une part, *Pharmouthi* signifiant le mois relatif à l'acte de rendre ou de devenir mère, le mois de la conception, et, d'une autre part, la fin de la période de gestation; en partant de ce point et en comptant des mois de 27 jours, tombant inclusivement à *Tôbi*, les deux mois intermédiaires sont précisément *Mékhir* et *Phaménot*.

Les mois de la série civile étant répartis par trois groupes saisonniers de quatre mois chacun, il en résulte la conséquence rigoureuse que chaque mois était de 30 jours, la révolution entière de 360 jours. Dès lors l'année religieuse mise en parallèle devait, pour embrasser la même durée, atteindre la même somme; dès lors aussi les deux mois innominés devaient être égaux aux autres : il en résultait une période exceptionnelle de 54 jours. Or on trouve trace, si je ne me trompe, de cette portion séparée dans le passage de Plutarque, *Is. et Os.*, où il est dit que, dans l'opinion des Pythagoriciens, Typhon était une puissance démoniaque parce qu'il était né en nombre pair de 56. Les deux mois lunaires à l'écart, au compte de 27 jours pour chacun, ne produisaient que 54 jours. La différence tient à ce que l'auteur assigne, pour son temps, au mois lunaire 28 jours, ce qui fait, pour deux, la somme de 56; c'est une particularité secondaire : le fait capital est la mention d'une séparation de deux mois lunaires formant une période spéciale attribuée à la naissance de Typhon, et c'est surtout cette corrélation qui rendait les deux mois néfastes, comme l'était le jour épagomène affecté aussi à la naissance de ce génie. Une série de jours complémentaires devait être ajoutée encore à cette période jusqu'à la concurrence de 360 jours, c'est-à-dire en apportant elle-même la somme de 36. C'est ce que nous avons trouvé dans une des hypothèses relatives au tableau précédemment étudié. Au Ramesséum, je ne le perds pas de vue, il y a un excès de 10 jours ; j'espère pouvoir en indiquer plus loin la cause. Aussi, dès ce moment, je n'hésite pas à conclure que l'année vague ou religieuse des anciens Egyptiens était, pour la somme, équivalente à l'année fixe ou civile ; mais que, tandis que celle-ci était solaire, divisée en mois de 30 jours, formant trois saisons, de quatre mois chacune ; l'année religieuse, comme cela a eu lieu presque partout, était composée d'un fond d'année lunaire qu'on raccordait avec l'année solaire au moyen d'intercalations spéciales.

La complication de ce système me paraît avoir déterminé à y apporter une modification qui conservait l'idée fondamentale, théologique, en maintenant une période égale en durée à celle de la gestation de la femme, mais qui accommodait cette période à celle de la division en mois de 30 jours, en remplaçant les dix mois de 27 jours par neuf mois de 30 jours, le total restant, de part et d'autre, de 270 jours. C'était sans doute une altération profonde, puisque le caractère lunaire disparaissait, du moins en apparence ; les prêtres n'ont peut-être admis ce changement qu'en cédant à la contrainte; mais le principe essentiel de la période de *mère*, MOUTH, restait debout. Je crois que les indices de cette innovation se manifestent, d'une part, dans la notation des mois à Edfou; d'une autre part, dans le mythe des neuf dieux.

A Edfou, les mois sont indiqués au nombre de *douze* par les groupes onomastiques des saisons accompagnées de leurs signes ordinaux pour chaque tétraménie; mais *dix* seulement sont représentés par des figures humaines dont quatre ont des têtes d'animaux; ces dix seulement aussi ont, devant eux, les noms des génies auxquels ils étaient consacrés. L'ordre est tel: Tikhi (1), 1er *de la végétation*; Monkh (2), 2e *de la végétation*; Hathyr, 3e *de la végétation*; Pascht, 4e *de la végétation*; Scheftos, 1er *de la fructification*; — 2e *de la fructification*; 3e *de la fructification*; — Rannou, 4e *de la fructification*; Khons, fête, 1er *de l'inondation*; Hor phent Kroti (3), 2e *de l'inondation*; Ep-ts, fête, 3e *de l'inondation*; Ra Har makhi (4), 4e *de l'inondation*.

Au milieu de cette série, au point où sont supprimés les noms théologiques et les images du 2e et du 3[e]

(1) Tikhi, *grue*, = Thoth.

(2) Epithète de Phtha remplaçant le nom *Paophi*. Nouvel exemple de termes à double entente pour les dénominations attachées à la partie de l'année à laquelle ce mois répondait dans l'ordre saisonnier; ce mot, en effet, offre l'association du sens *cessare*, *deficere*, propre au passage du soleil dans les signes inférieurs, à celui de *formare*, *effingere*, que nous avons vu si souvent réuni au premier sous des formes diverses.

(3) Modifications du nom ordinaire. La transcription que je donne est celle de M. Lepsius. M. Brugsch lit *Her Khent Krotti*. Je saisis cette occasion pour faire remarquer, d'une manière générale, que ce savant et sagace égyptologue rend toujours par *Khent* le thème hiéroglyphique qu'à l'exemple de ses prédécesseurs j'ai écrit *Phent*; on peut consulter sur ce point sa *Géogr.*, p. 105.

(4) Ce nom, qui signifie *soleil équinoxial*, est substitué à *Mésori* comme au Ramesséum.

mois de la fructification (*Mékhir* et *Phaménot*), on voit juchés sur deux supports, non deux truies, comme on l'a dit, mais deux hippopotames (voir Lepsius, *Einleit*. p. 138), ayant pour qualifications, l'un *grande chaleur*, *grande fête*, l'autre *petite chaleur*.

Ici surtout, je l'avoue, en s'en tenant à la première impression, à l'examen matériel, on peut d'abord trouver naturel, exact de considérer ces qualifications comme équivalant, pour le 2ᵉ et le 3ᵉ mois de la fructification, aux noms théologiques des autres mois. Mais, par une attention plus réfléchie, on découvre des motifs à ajouter à ceux que déjà j'ai fait valoir pour abandonner cette idée. Comment concilier l'attribution de grande chaleur avec la position de *Mékhir* comparativement à l'ordre saisonnier ? Sur quoi serait fondée la désignation d'une grande fête dans ce mois ? Les deux hippopotames, dans des conditions analogues à celle des chacals au plafond du Ramesséum, et pourvus des mêmes qualifications, doivent remplir le même rôle ; ce sont donc des symboles solstitiaux, ou plus expressément des symboles de l'époque du plus haut degré de chaleur et de celle de la température la moins élevée. L'époque de la plus grande chaleur correspondait à celle du plus grand accroissement du Nil ; on conçoit alors pourquoi elle était l'occasion d'une fête, et d'une grande fête, entre *Pakhons*, époque du solstice, et du début de l'inondation, et *Epep*, époque de la diminution des eaux et des calculs liés à l'appréciation de leur plus grande hauteur.

Selon Porphyre, dans Eusèbe, l'hippopotame était un emblème du pôle inférieur, parce que cet animal engloutit ceux qui l'approchent. Cela s'explique et se confirme par ce passage d'Horapollon, I, 56, savoir que l'hippopotame, devenu adulte, essaie sa force contre son père, l'attaque, et si celui-ci cède, il lui assigne une résidence, se porte vers sa mère pour s'unir à elle, et laisse vivre son père; si son père s'oppose à cette union, il le tue, car il est plus actif et plus robuste. »

Plusieurs autres auteurs reproduisent cette allégation. C'est, pour le premier point, l'histoire de Saturne, de Jupiter, etc.; pour le second, celle de plusieurs des grands dieux de l'Égypte nommés expressément *Maris de leur mère.* L'allusion à un renouvellement d'année est facile à saisir. Nous avons vu, en effet, au zodiaque de Dendera et sur les tableaux analysés dans cette seconde partie du mémoire, l'hippopotame en rapport avec les phénomènes hivernaux. Mais ces mêmes monuments nous le montrent en même temps, avec quelques modifications d'attributs, en relation avec les phénomènes estivaux. Le double rôle de symbole de la grande chaleur et de la petite chaleur est donc bien tel que je l'ai indiqué, c'est-à-dire analogue à celui des chacals, dont la signification tropique est notoire. Les deux mois *Mèkhir* et *Phaménot* sont donc réellement passés sous silence dans la nomenclature théologique.

Mais ici, il y a plus. Le nom de *Schefteb*, égal à *Sefteb* des monuments plus anciens, n'est pas dans l'alignement des autres noms théologiques; il est sensiblement abaissé. D'après la remarque plusieurs fois faite que chaque détail différentiel, dans les décorations de cette nature, avait un motif, une raison d'être, cette particularité réclame une explication. Je suis porté à penser que l'intention a été de mettre ce mois à peu près au même rang d'infériorité que les deux mois qui le suivent immédiatement, *Mékhir* et *Phaménot*, ou, en d'autres termes, de réduire à neuf le nombre des mois prééminents en leur donnant une durée de 30 jours chacun pour maintenir l'assimilation à la période de gestation, au moyen du total 270 égal à celui de dix mois de 27 jours ; l'autre série comprenait alors 90 jours, ce qui rendait inutile l'addition indiquée par les suites de génies de jours des tableaux de Thèbes.

Cette existence d'une série spéciale de neuf mois répartis de l'équinoxe de printemps au solstice d'hiver, c'est-à-dire depuis l'époque où Isis est rendue mère jusqu'à celle où elle enfante, me paraît en outre très-vraisemblablement indiquée par les données suivantes.

On a remarqué, sur plusieurs monuments égyptiens, un groupe hiéroglyphique qui, depuis quelque temps, attire l'attention, savoir : , c'est-à-dire un globe dont trois quarts sont blancs ou éclairés, l'autre quart noir ou ténébreux, globe accompagné du segment de sphère, indice d'une signification tropique, et suivi du symbole neuf fois répété de l'idée *Dieu*. Ce groupe est quelquefois modifié ainsi : ou . Il me paraît représenter les dieux des neuf mois privilégiés dont je viens de parler. Dans les deux dernières variantes, le nombre *neuf* n'est pas exprimé, le symbole *Dieu* est simplement au pluriel ; mais la signification n'en est pas moins manifeste au moyen du globe éclairé aux neuf douzièmes ou aux trois quarts et obscur dans le reste de sa surface ; le sens, dans les trois exemples, était identique pour les Égyptiens capables de lire la formule, car ils savaient pertinemment que, sous une forme ou sous une autre, il s'agissait des dieux de la partie positive de l'image ou surface éclairée du globe, et, cette portion présentant les trois quarts, ils n'ignoraient pas que chaque quart comprenait 3 signes zodiacaux ou dieux, le tout, par conséquent, 9 dieux, à tel point que ce globe séparé de toute idée de dieu, par exemple dans des dates, représente simplement le nombre 9, ainsi que M. Brugsch l'a prouvé. M. de Rougé, *Journ. asiat.*, août-sept. 1857, p. 119, dit que parfois on ne trouve dans la série des figures que 8 personnages divins ou tout autre nombre, mais que les dédicaces les indiquent même alors au nombre de 9. Cela prouve, d'une part, que le nombre 9 est essentiel; d'une autre part, que le symbole était assez connu pour dispenser d'une rigoureuse exactitude dans les autres détails : ainsi, sur quelques monuments funéraires, les assesseurs d'Osiris dans l'Amenti ne sont pas exactement au nombre de 42.

Le *Rituel funéraire*, la première fois qu'il emploie le groupe en question, ch. I, col. 18 et 19, a le soin d'en définir le sens, et, en rattachant l'explication au ch. 14, l. II d'Horapollon, on trouve précisément une interprétation concordante avec celle que je propose pour la catégorie de 9 mois, la gestation de la femme enceinte. En effet, Horapollon dit : « Lorsque les Egyptiens veulent indiquer une femme enceinte, ils représentent le cercle du soleil avec une étoile, en même temps qu'un autre disque (1) divisé en deux. » L'auteur paraît avoir réuni les deux emblèmes liés, dans le passage précité du

(1) Voir Zoëga, p. 453, note 49.

*Rituel*, par l'incise *c'est-à-dire*. Ce passage effectivement présente d'abord une étoile au milieu d'un cercle avec le déterminatif *Dieu* au pluriel; puis l'incise *c'est-à-dire*, suivie du disque bipartite ou bicolore dont nous nous occupons, avec le même déterminatif. Or ce disque me paraît évidemment le δίσκος δίχα τετμημένος de l'auteur des *Hiéroglyphiques*. Il s'agit donc bien des neuf dieux en rapport avec la gestation d'Isis, c'est-à-dire des neuf mois solaires pendant lesquels durait cette période. Le premier symbole, qui est expliqué *Ægypt's place*, I, 497, par ABODE OF STARS, *demeure des étoiles*, pouvait se nommer en langue sacrée AFT N TIOU, par simple apposition, AFT TIOU ; or le premier mot, en même temps que *Demeure*, signifiait *quatre*, et *Tiou* voulait dire à la fois *étoile* et *cinq* : l'ensemble équivalait donc, par un double sens dont l'usage était familier aux Egyptiens, et *demeure des étoiles* et 4 + 5 = 9 : de là, sous le dernier rapport, la signification tropique de *Grossesse* et la synonymie avec le disque dichotome = 9 (1).

Le rapport de la catégorie partielle de 9 mois à l'ensemble de 12 est exprimé dans la seconde des inscriptions de Béni-Hassan relatives à des offrandes pour panégyries que M. Poole a reproduites à la pl. I de ses *Horæ ægyptiacæ* : c'est la première énonciation de la ligne supérieure de droite.

(1) On a trouvé au disque dichotome d'autres significations, particulièrement celle de *chef* : elles découlent de celle que j'indique : en effet, pour le sens *chef*, par exemple, il suffit de se rappeler le passage de Chérémon que j'ai cité dans la conclusion de la première partie de ce mémoire et où il est dit que les astres qui présidaient à l'horoscope étaient nommés *chefs puissants du ciel* : les neuf dieux portent le titre NEBOU, *seigneurs*, sur un des tableaux exposés au Louvre par MM. Bertrand et Joret, dans l'escalier qui conduit de la salle Henri IV au musée Charles X.

Il est exprimé encore, associé au nombre douze, et en outre, à la répétition du nombre seize, sur les planches du grand ouvrage de M. Lepsius concernant le tombeau de Séti Ier. L'on voit en effet, pl. 135 et 136, se dérouler une série de personnages humains distingués en trois catégories.

La première est composée de 9 figures à coloration rouge, les bras pendants, avec cette légende entre elles : *Habitants de la demeure étoilée*, que nous savons valoir aussi *les neuf*, en impliquant l'idée de dieux célestes.

La seconde catégorie comprend 12 figures à carnation rouge aussi, tenant de leurs mains abaissées un serpent sinueusement étendu d'un bout de la catégorie à l'autre bout. Devant chaque figure est un globe rouge entouré d'un cercle blanc et surmonté d'un objet rouge aussi, en forme d'échelle, de cette manière :

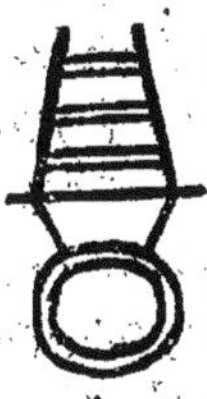

Sous la tête du serpent est un groupe phonétique valant MNT avec le déterminatif des pays montueux. Les figures sont partagées par six : ce sont les représentants des constellations zodiacales. Le serpent figure notoirement le zodiaque, parcouru flexueusement par les planètes. Le point de départ est à l'équinoxe vernal, indiqué par *Mnout* que nous avons déjà vu attaché à cette porte céleste. L'objet placé au-dessus de chaque globe, espèce d'échelle à trois jalons, semble indiquer la division par trois, ou par décanies, des degrés de chaque dodécatémorie ; il rappelle en effet l'insigne d'Anubis, chef des décans (voir *Rit. fun.*, CXLI, 1, au milieu). Le caractère astrographique de cette catégorie me paraît donc bien établi ; c'est une prémisse fort importante pour l'explication des deux autres catégories.

La troisième n'est complète que dans une de ses moitiés composée de seize figures humaines distinguées, par les traits, la couleur et le costume, en quatre groupes de quatre personnages semblables. Champollion, *Lettres*, p. 112-114, les décrit ainsi : « Les pre» miers sont de couleur rouge sombre, taille bien pro» portionnée, physionomie douce, nez légèrement aqui» lin, longue chevelure nattée, vêtus de blanc, et leur » légende les désigne sous le nom de Rôt en ne rôme, » *la race des hommes*, les hommes par excellence, » c'est-à-dire les Egyptiens. — Les suivants présen» tent un aspect bien différent : peau couleur de chair » tirant sur le jaune, ou teint basané, nez fortement » aquilin, barbe noire, abondante et terminée en pointe, » court vêtement de couleur variée ; ceux-ci portent le » nom de Hamou. — Il ne peut y avoir d'incertitude sur » la race de ceux qui viennent après ; ce sont des *nè» gres ;* ils sont désignés sous le nom général de Naha» sou. — Enfin les derniers ont la teinte de peau que » nous nommons couleur de chair, ou peau blanche de » la nuance la plus délicate, le nez droit ou légèrement » voussé, les yeux bleus, barbe blonde ou rousse, taille » haute et très-élancée, vêtus de peaux de bœuf con» servant encore leur poil,... tatoués sur diverses parties » du corps; on les nomme Tamhou. »

Notre immortel compatriote a vaguement saisi dans ces peintures un rapport cosmique ; il ajoute en effet : « J'avais cru d'abord, d'après les copies de ces bas-re» liefs publiés en Angleterre, que ces peuples, de races » bien différentes, étaient les nations soumises au scep-

» tre du Pharaon Ousireï (Séti Ier) ; l'étude des légendes » m'a fait connaître que ce tableau a une signification » plus générale. Il appartient à la 3e heure du jour, » celle où le soleil commence à faire sentir toute l'ardeur » de ses rayons et réchauffe toutes les contrées habitées » de notre hémisphère. » Mais il s'en tient à cet aperçu et ne s'attache qu'au point ethnologique, appuyant exclusivement sur cet énoncé : « On a voulu représenter, » d'après la légende même, *les habitants de l'Egypte* » *et ceux des contrées étrangères.* »

Sans doute, dans ce cas particulier, l'art s'est aidé des caractères ethnologiques : mais c'est l'accessoire, non le principal ; c'est la forme, non le fond ; c'est un des vêtements de la pensée, ce n'est pas le corps même de la pensée.

L'adjonction à une série que nous avons reconnue astrographique porte à penser que l'ensemble de ces personnages a un caractère analogue. Le nombre seize subdivisé en quatre groupes rappelle immédiatement la partie de la décoration du pronaos de Dendèra composée de deux séries parallèles de seize figures, chacune de ces séries subdivisée aussi en quatre groupes distincts. Or on est autorisé à croire qu'il y avait pareillement, dans le cas dont nous nous occupons, deux séries de seize personnages, car M. Lepsius a trouvé et reproduit les vestiges d'une série probablement similaire ; ce sont deux personnages seulement, mais caractéristiques. L'un est semblable à ceux du premier groupe de la série complète ; il a derrière lui la femme assise, partie du déterminatif composé d'un homme et d'une femme représentant le genre humain ; devant ce personnage sont les trois barres verticales marque du pluriel : c'était donc le dernier personnage du premier groupe. L'autre était le premier personnage du groupe suivant ; il ressemble, sauf de très-légères nuances de costume, aux figures du groupe correspondant de la série corrélative, et comme la première aussi de ces figures, il a devant lui les deux caractères valant AM (1). Je ne doute donc point qu'il n'y ait eu ici aussi deux séries de seize personnages chacune et que la signification n'en soit identique à celle que j'ai attribuée à la répétition de ce nombre dans la partie précitée de la décoration du pronaos de Dendera.

Dès lors, les groupes quaternaires doivent représenter les quatre divisions tropiques du ciel (2). L'artiste a reproduit l'allusion sous une forme plus pittoresque ; mais le fond est le même. Ce partage du ciel se reproduit sous un grand nombre de formes diverses dont l'analyse comparée nous permettra d'assigner à chaque groupe ou à chaque variété ethnologique sa place précise.

Sur le sarcophage de Taho, au Louvre, dans la décoration extérieure, côté droit, on voit aussi une série de quatre groupes composés chacun de quatre figures humaines semblables dans chaque groupe et distinctes

(1) *Aam*, suivant M. Brugsch, *Géogr.*, 1re part., p. 60, note, et 2e part., p. 91. Les Ammonites de la Bible, selon le savant et sagace auteur. Si, avec M. Birch, on donne au caractère initial la valeur *Ha*, on peut voir dans le nom entier les Hémaïtes ou Hamaïtes. La première appellation, *Ret* ou *Red*, *Let* ou *Led*, me paraît, avec raison, rapportée au *Loud*, premier-né de Misraïm, dans le célèbre chapitre x de la Bible. On peut consulter, sur *Loud* en particulier, Foster, dans une de ses lettres à J.-B. Michaelis, ainsi que Volney, *Nouv. Rech.* p. 227, et sur l'ensemble du chapitre M. Ch. Lenormant, dans son *Cours d'Hist. anc.*, où sont déposés les germes de tant d'idées.

(2) M. Wilkinson a émis un avis analogue, *The Egyptians in the time of the Pharaohs*, Lond. 1857, p. 152.

d'un groupe à l'autre au moyen de la coiffure et des noms : les corps sont nus, les bras pendants, les jambes serrées. Les noms sont ceux des quatre régions du ciel connues de l'Egypte ; la coiffure se rapporte à cette indication, car deux groupes seulement sont, à cet égard, pourvus d'un insigne, et c'est pour l'un, celui des *Souteniou*, la couronne haute ; pour l'autre, celui de *Khevtiou*, la couronne basse : les personnages des deux autres groupes ont la tête nue. Ces distinctions ne sont pas ethnologiques ; elles sont propres à l'intérieur de l'Egypte, et cependant le rapport avec les seize personnages du tombeau de Séti Ier ne semble pas douteux.

Sous le rapport des couleurs les analogies abondent.

Je citerai d'abord les quatre taureaux de robes différentes, un blanc, un rouge, un noir, un bigarré, qui sont offerts par Aménophis III à Ammon Ra sur un tableau du temple de Wadi Halfa.

Les quatre génies qui ont la double fonction de présider aux points cardinaux et de veiller à la conservation du ferment vital dans les viscères des hommes morts, présentent aussi des distinctions de coloration : mais il n'y a point de constance dans ce caractère ni dans l'ordre respectif des génies, en sorte qu'on ne peut point établir d'assimilation rigoureuse. Cependant le plus souvent *Mast* a une tête humaine, rouge, avec une coiffure blanche, *Hapi* une tête de singe avec le visage rouge, *Timoutef* une tête de chacal noire, *Kebhsnouf* une tête d'épervier mélangée de traits blancs et de traits noirs.

Dans la notice manuscrite de Champollion sur Biban el Molouk, à l'article du tombeau de Ramsès VI, on voit, au troisième registre intérieur, une série de quatre groupes de quatre personnages chacun, savoir : 1° quatre oiseaux à tête humaine, noirs ; 2° quatre hommes à visage jaune ; 3° quatre hommes à visage rouge ; 4° quatre hommes peints en noir, décapités. On voit qu'ici la couleur jaune remplace la bigarrure ou le tatouage des autres exemples. Or, dans la série du tombeau de Séti I<sup>er</sup>, les individus tatoués sur les membres ont en même temps la barbe et le corps jaunes, et ils portent sur la tête un ornement jaune semblable à deux plumes divergentes ou à deux ailes de guêpe ; ils réunissent donc les deux caractères et me paraissent en démontrer l'équivalence.

Les monuments fournissent plusieurs indications qui conduisent à la répartition des couleurs sur la sphère céleste.

Ainsi nous avons vu que le point solstitial, ou plutôt la région, le quartier commençant à l'équinoxe de printemps et aboutissant au solstice d'été se nommait *Hat* ou *Het* ; c'est là couleur blanche, la couleur de l'argent : là nous avons vu sur le zodiaque les emblèmes de la création de l'homme ; là doivent être attachés les personnages à coiffure blanche du tombeau de Séti I<sup>er</sup>, cette souche du genre humain ; là aussi les personnages à couronne haute et blanche du sarcophage de Taho, le taureau blanc, le génie *Mast* à coiffure blanche et à tête humaine, emblème de l'intelligence dirigeante et de l'éther, ou de la région où Jupiter avait son exaltation, ce qui est un autre indice du solstice d'été ; là aussi doit être rapporté, dans la série du tombeau de Ramsès VI, l'oiseau à tête humaine, ou symbole de l'âme, de l'éther.

La coudée présente, comme symboles des quartiers du ciel, ceux des divinités RA, MA, KEM, SEB.

La partie dont je viens de parler en dernier lieu est le domaine de RA, ou le soleil dans sa plus haute ascension; aussi les personnages qui y correspondent sont-ils dans les légendes des monuments de Thèbes, indiqués comme *Fils de Ra*.

La partie suivante, commençant au Lion et aboutissant à la Balance, ressortit à MA (1), *T-Ma* ou la Justice, *Themis* des Grecs. C'est en effet le point où était censé se faire un premier jugement des âmes. Les personnages qui le représentent ont été, selon les textes hiéroglyphiques, créés par la déesse *Pascht*. Cette énonciation peut, au premier aperçu, sembler en contradiction avec ma fixation, puisque *Pascht* est désignée comme présidant au mois *Koïak*, le dernier de la végétation, qui marque, par conséquent, le point opposé à celui que j'indique. Mais la divinité dont il s'agit, et dont le nom, je crois, se rattache au copte PESCH, PÔSCH, *diviser*, *distribuer*, *partager*, me paraît avoir été, d'une manière générale, un des emblèmes du *mois*; aussi, au plafond du temple au nord d'Esné, son image léontocéphale représente-t-elle chaque mois. C'est par excellence qu'on lui a spécialement attribué la présidence de celui des mois qui était situé au point de terminaison d'une année et du commencement d'une autre. A cette place, ce sont les *Mehou* qui devaient tirer d'elle leur origine, et en effet, dans un passage cité par M. Brugsch, *Géog.*, 2e part., p. 90, la région de *Meh* ou *Ta Meh* est en rapport avec *Pascht*, et ce passage me paraissant devoir être

(1) Cette divinité était quelquefois représentée avec des ailes (Voy. Wilk. *Mat. hier.*, XXXVI, XXXVII); de là la figure ailée de la Vierge sur la sphère grecque.

rapproché des cartouches reproduits par M. Lepsius, *Koenig's Buch*, Tab. IV, n° 21, particulièrement de ceux cotés *g* et *h*, c'est de *Pascht* mère de Hak, *Kahak* ou *Koïek* qu'il s'agit, si je ne m'abuse. Comme il y avait un rapport étroit entre les deux tropiques, *Pascht* exerçait aussi un rôle particulier au tropique d'été; aussi, au tableau précité d'Esné, celle de ses images qui précède immédiatement ce tropique est-elle distinguée par son insigne spécial, le sistre (Pôsch, *crepere*) : on a donc pu aussi lui attribuer la création des *Amou*.

Kem, qui vient au troisième rang, nous indique la *couleur noire*. C'est là que, sans hésitation, je place les *Nègres* ou *Nahasou*. Ils représentent le quartier étendu du Scorpion au Capricorne, c'est-à-dire celui où les ténèbres vont s'épaississant jusqu'à leur plus grande intensité. Là est le séjour du taureau noir, Timoutef combattant sa mère et à tête noire, les nègres décapités du tombeau de Ramsès VI, lesquels répondent aux Osiris décapités de la série des décans au commencement de la moitié orientale de la bande médiane du pronaos de Dendera, ainsi qu'aux neuf personnages décapités et entourés de glaives, sous le signe du Capricorne, au temple du nord à Esné. D'autres fois, les *Nahasou* sont représentés simplement agenouillés avec les bras liés derrière le dos; alors ils ressemblent aux huit individus placés ainsi sous le même signe au zodiaque circulaire de Dendera. M. Brugsch, dans sa *Géogr.*, p. 110, a fait connaître un animal typhonien, figuré tantôt sous le nom *Nahas*, avec un glaive fiché sur le dos, pl. XXIX, n° 476, et LI, n° 1430, tantôt sous le nom *Khen*, avec la tête tranchée, pl. XXII, 11 (voir, pour l'équivalent, pl. XIV, col. 11); n'est-ce pas la victime destinée au sacrifice en remplacement des personnages humains? Sur le dernier exemple, la légende hiéroglyphique dit : « *Khen, seigneur du midi,* » et nous voyons en effet, parmi les figures du champ du médaillon, dans la partie correspondante du zodiaque circulaire de Dendera, l'animal décapité valant *Khen.*

Seb préside au quartier affecté aussi à *Set* ou *Noub;* ce dernier nom est écrit à l'entrée du solstice d'hiver sur une des bandes du pronaos de Dendera : *Noub*, au propre, signifie *or, jaune.* C'est aussi cette région que j'ai dit avoir porté le nom *An* : or, en rattachant, sous un point de vue, ce nom aux variantes coptes *Auan, auon,* etc., on a le sens *Variegatio, varietas*, en grec *Poikilia.* C'est donc le point où il faut placer les individus tatoués, à ornements jaunes sur la tête, à coloration jaune de la peau et à barbe jaune, tels que ceux du dernier groupe du tombeau de Séti Ier, ainsi que le taureau bigarré et le génie *Kebhsnouf* à tête d'épervier nuancée de traits noirs et de traits blancs. Cette bigarrure convient à la saison où la lumière renaissante partage avec les ténèbres l'empire de notre hémisphère. Quant à la couleur jaune, elle est peut-être une allusion aux épis qui répandent alors sur les champs en Egypte leur manteau doré : « *Molli paulatim flavescit campus* » *arista.* » *Kebhsnouf* a, en outre, un rapport direct avec le Verseau. J'ai dit en effet, dans la première partie de ce mémoire, que le vase de ce signe zodiacal était le symbole de l'élément de l'air : c'est dans l'allitération de KEBH, *vase*, en copte KABI, avec KEBH, *rafraîchir*, en copte KBA, que gît la raison de ce symbole (1). Le souffle

(1) De même l'ornement de tête du groupe du Tombeau de Séti rappelle, par la forme et la couleur, l'aile de l'abeille ou de la guêpe hiéro-

des vents du nord, si précieux surtout pendant la canicule par le rafraîchissement qu'il apportait à l'atmosphère, était en rapport avec la constellation du Verseau, et le génie *Kebhsnouf*, dont le nom signifie *Celui qui rafraîchit ses frères*, s'adapte parfaitement à la présidence de cette région : c'est Aristée, que plusieurs auteurs anciens désignent comme l'homme du Verseau et qui était particulièrement honoré pour avoir obtenu le bienfait du souffle quadragésimal du vent du nord pendant les ardeurs de l'été.

Les personnages à teint *rouge clair* et à costume asiatique du tombeau de Séti Ier, le *taureau rouge*, le génie *Hapi* à tête de singe avec un visage rouge, les hommes à face rouge du tombeau de Ramsès VI, se rangent comme d'eux-mêmes dans l'espace entre le solstice d'été et l'équinoxe d'automne ou dans le domaine de *Ma*. L'application de la légende d'Isis au zodiaque de Den-

glyphique, emblème de la région inférieure et dont le nom est *Kheb*. Le rapport de ce symbole avec le Verseau est peut-être l'origine de l'attribution expresse de l'amour des abeilles à Aristée. Virgile place dans le delta de l'Égypte et, entre autres, dans la région canobique ou de Noub, l'usage du procédé de régénération des abeilles employé par le pasteur arcadien :

Nam quæ Pallæi gens fortunata Canopi
Accolit effuso stagnantem flumine Nilum,
Et circum pictis vehitur sua rura phaselis ;
Quoque pharetratæ vicinia Persidis urget,
Et viridem Ægyptum nigra fœcundat arena,
Et diversa ruens septem discurrit in ora
Usque coloratis amnis devexus ab Indis :
Omnis in hac certam regio jacit arte salutem.

Ce rapprochement concorde avec ce que j'ai dit, dans la première partie de ce mémoire, de l'identité du frère d'Aristée, *Aptuchus*, avec le décan du Verseau *Aptikhou* ou *Tpikhou*.

dera confirme cette conclusion. En effet, le point de départ du voyage de la déesse est dans la région bornée par l'équinoxe d'automne et le solstice d'hiver, ou région de *Kem*, mot qui, en même temps que *Noir, ténébreux*, signifie *Egypte*; son séjour en Phénicie, qui est immédiatement suivi du terme de sa course par la rentrée en Egypte ou en *Kem*, a lieu pendant le passage de la pleine lune dans les signes du Cancer, du Lion et de la Vierge, ou du solstice d'été à l'équinoxe d'automne : or la Fable a employé, pour désigner cet espace, l'allusion à la Phénicie, parce que ce nom signifie *Rouge* : c'est le quartier du ciel symbolisé par la couleur rouge, c'est-à-dire celle du feu ou de la saison des plus grandes chaleurs succédant à la saison de la lumière pure ou de la couleur blanche, ainsi que la saison du Nil rouge ou débordé précédant l'époque du Nil bleu ou noir, temps des basses eaux, de *Kenmou*. C'est le pays de TOSCHAR, *rouge*, placé, dans quelques passages cités par M. Brugsch, *Géogr.*, etc., à côté de celui de KEM, *noir*. Peut-être aussi, par opposition à la couleur jaune ou dorée des épis dans le premier quartier, y a-t-il ici, en outre, une allusion à la maturation du raisin et à la fabrication du vin ; de là peut-être le nom ERP donné en démotique, dans les tablettes publiées par M. Brugsch, à la constellation zodiacale de la Vierge, ou de la *Vendangeuse*, pourvue d'un *thyrse*, car le mot égyptien, par un artifice familier aux scribes, pouvait impliquer les divers sens de *jeune* et de *thyrse*, ainsi que de *vin* (1).

(1) Le nom grec de Phénicie avait une semblable origine, Φ-οινος *vin*. Relativement à l'Egypte, M. Champollion-Figeac, dans l'*Univers pittoresque*, Afrique, I, p. 14, s'exprime ainsi : « Le mois de juillet

Cette répartition des couleurs rapportées aux dénominations égyptiennes des quartiers célestes s'accorde avec celle des âges du monde ou de la division de la révolution du soleil en quatre parties, savoir :

1° Du Capricorne au Bélier, Noúb, *jaune, or*, l'un des domiciles de Saturne, exaltation de Vénus dite tantôt *Dorée*, tantôt *nuancée, variée* (*Poikilê*, Vettius Valens) (1), époque de la cessation des travaux agriculturaux et de l'abondance en quelque sorte spontanée de la terre, température printanière, *âge d'or ;*

2° Du Bélier au Cancer, Het, *blanc*, *argent;* exaltation de Jupiter; exaltation et l'un des domiciles de la lune au croissant ou au disque argenté; continuation de l'abondance, mais à un moindre degré; arrivée des chaleurs et de la sécheresse, *âge d'argent* (2) ;

3° Du Cancer à la Balance (Toscher ou Erp ?), *rouge clair*, *cuivre rouge* (*vin?*), *Phénicie*, exaltation de Mercure (Stilbôn, *étincelant*, *vermeil*), domaine de *Ma* ou la Justice, et de *Hap* ou le Jugement, espace cor-

amène la plantation du riz, du maïs, la récolte du lin et du coton, l'abondance des raisins aux environs du Caire. Au mois d'août, c'est la troisième coupe du trèfle, la floraison du nénuphar et du jasmin; les palmiers et les vignes sont chargés de fruits mûrs. »

(1) C'est ainsi que la déesse égyptienne *Athor*, que les Grecs assimilaient à leur Aphrodite, les Latins à leur Vénus, était dans certaines de ses attributions représentée sous la forme d'une vache *tachetée* et prenait en même temps le nom Noub, *or* : dans son sein les âmes des morts reprenaient naissance pour la vie éternelle, parce que la partie correspondante du ciel était, ainsi que je l'ai dit, la porte de la vie divine.

(2) Cette région est ainsi décrite au grand tableau du ch. cx du Rituel funéraire : « *Là, point de corruption ou point de haine* (au propre : *point de poisson*); *point de soucis pour l'existence; point de serpents* (au figuré, *point de travaux?*). »

respondant à celui où l'on supposait que se faisait, à l'entrée de l'enfer, le jugement des âmes; l'un des domiciles (Balance) de Vénus que nous avons déjà vue prêter son attribut de planète dorée ou nuancée à l'intervalle du solstice d'hiver à l'équinoxe vernal, mais à qui d'autres astrologues rapportaient aussi la couleur rose appropriée ici, et à qui était consacré le cuivre (1), ce qui était en rapport avec l'un de ses noms, *Cypris*; commencement des travaux, des préoccupations d'avenir, des peines, délimitation des champs, impôts, contestations, procès, *âge de cuivre* ou *d'airain*;

4° De la Balance au Capricorne, exaltation et l'un des domiciles de Mars ainsi que de Saturne, Kem, *noir*, *Egypte*; cessation du règne de *Ma* ou la Vierge, la Justice :

> Virgo cæde madentes
> Ultima Cœlestum terras Astræa reliquit.

Invasion des fléaux, des crimes et des guerres, décapitations, démembrements, *âge de fer*.

Passalacqua, au n° 1428, p. 87 de son *Catalogue*, mentionne, sur un papyrus dessiné au trait et sans couleur, un tableau où se trouvent des espèces d'arcades qui contiennent trois têtes noires, trois têtes blanches, trois ibis et une chouette. Il me semble qu'il y a là encore un rapport avec les personnages à colorations différentes du tombeau de Séti Ier; or l'association de l'ibis et de la chouette ôte à ce tableau toute idée ethno-

(1) Le cuivre, tantôt jaune, tantôt rouge, convenait à la fois et à la Vénus dorée et à la Vénus rose (Cfr. copte Barot, *khalkòs stilbôn* des Grecs, et Bort, *rose*).

graphique, elle en démontre la signification cosmique. L'ensemble indique bien que les têtes noires et les têtes blanches sont particulièrement opposées entre elles; or les dernières ne pouvant appartenir qu'au domaine de la lumière ou au triangle dont la base a pour extrémités l'équinoxe vernal et le solstice d'été, les autres doivent être attribuées au triangle opposé, à celui dont la base s'étend de l'équinoxe d'automne au solstice d'hiver, où j'ai placé les nègres du tombeau de Séti Ier. Les deux oiseaux répondent aux triangles intermédiaires. On pourrait penser que la chouette, valant phonétiquement M, représente l'espace de *Ma*, et que l'ibis, qui avait été remarquée pour le mélange de ses plumes noires et blanches, doit prendre la place du taureau bigarré, etc. Mais la déesse *Ma*, que je sache, n'est jamais représentée par la chouette : d'après Hécatée, cité par Malchus, cet oiseau était un emblème de Typhon : « Τυφων δὲ μετασχηματιζόμενος εἰς γλαῦκα τερατολεγούμενος ἔτυχε, *Typhon devint l'objet d'une fable merveilleuse dans laquelle on le disait transformé en chouette.* » Ce serait donc un nouvel emblème de la région de *Seb, Set* ou *Noub*. En effet, le tableau de Biban el Molouk dont j'ai parlé au commencement de cette seconde partie, dans chacune des bandes parallèles des génies de jours, présente les génies cardinaux ou infernaux sous des aspects différents, d'un côté *Mast* ou *Amast* (*Amset*) avec une tête humaine, en costume de femme; *Hapi* avec une tête de cynocéphale et un costume d'homme, *Timoutef* avec une tête de chacal et un costume d'homme, *Kebhsnouf* avec une tête d'épervier et un costume d'homme; de l'autre côté, les quatre figures ont un costume d'homme, la première a une tête humaine, la seconde une tête de chacal, la troisième une tête d'ibis, la dernière une tête d'épervier. Je ferai d'abord observer en passant la différence de sexe du premier génie d'un groupe à l'autre(1); elle s'explique par l'étymologie. En effet, comme génie infernal chargé de la conservation et de la revivification des principaux intestins, MAST, par la permutation de s et de H (2), doit répondre au copte MAHT, *ventre*, pl. *viscères*, *intestins*; comme génie d'un point cardinal, c'est-à-dire du point septentrional du ciel, à MEHIT, *septentrion* : or les deux mots sont aussi de genres différents, le premier féminin, le second masculin. Mais je me hâte d'arriver au point principal, la substitution d'un génie ibiocéphale à celui qui présente ordinairement une tête de singe, à *Hapi* : il y a peut-être une allitération entre ce nom *Hapi* et celui de l'ibis *Hab*. Mais il y a une autre remarque à faire : c'est que le second et le troisième génie ont réciproquement changé de place, celui à tête de chacal a pris le second rang, ordinairement occupé par *Hapi*, et le génie ibiocéphale, substitué à *Hapi*, est au troisième rang, attribué d'ordinaire à *Timoutef* (3). De là peut-être l'apparence de désaccord entre mes fixations cardinales et celles qui sont assignées aux quatre génies, sous la forme commune d'oiseaux, au tableau du couronnement de Ramsès Meïamoun. Ici, en effet, *Mast* est envoyé au sud, ce qui, pour la terre, correspond en effet

(1) On trouve aussi *Mast* ou *Amset*, avec une configuration féminine, sur le coffre funéraire d'Harsoutiotef, au *British Museum*, case Q. Voy. *Gallery*, p. 45.

(2) Cfr. pour cette permutation, BAS, BISI, *secare*, BEHI, *lima*, et BÔDJ, *secare*, *amputare*, *frangere*.

(3) Sur quelques monuments c'est le génie à tête de singe lui-même qui occupe cette place.

au sommet boréal du ciel, comme la couronne blanche, affectée au même point, est l'emblème du midi de l'Egypte; le second génie (telle est son unique qualification, le nom propre n'est pas écrit) est délégué aux dieux du nord, et, pour le génie à tête de chacal, cela est encore très-approprié; le troisième génie est adressé aux dieux de l'ouest; cela pourrait s'appliquer à *Hapi* ou à son remplaçant, le génie ibiocéphale, que nous voyons à cette place dans le groupe du tableau de Biban el Molouk dont nous parlons; mais on le nomme *Timoutef;* c'est que peut-être on n'a pas tenu compte du déplacement de figures qui doit être, dans ce cas, sous-entendu, comme il existe réellement sur le tableau précité, et que, nonobstant ce déplacement, en l'absence des figures qui auraient sans doute suggéré la rectification, on a maintenu l'ordre habituel des noms. Les considérations que j'ai apportées à l'appui de mon opinion me paraissent en effet assez fortes pour prévaloir contre cette différence apparente.

En tout état de cause, en admettant dans ma distribution quelque erreur de détail, le fait capital du concours de ces divers modes pour exprimer les divisions cardinales du monde ne m'en paraît pas moins démontré: c'est là l'objet essentiel de cette longue argumentation, car, s'il en ressort, comme je l'ai avancé, que les groupes quaternaires de personnages présentés au tombeau de Séti Ier sous des distinctions ethnographiques sont en réalité des symboles cosmiques, ainsi que les douze personnages tenant un serpent auxquels ils sont associés, il y aura une pressante vraisemblance pour porter à conclure qu'il en est de même de la série de neuf personnages associés à leur tour aux uns et aux autres, et cette série sera probablement celle des mois de 30 jours substitués à dix mois de 27 jours composant la période de la gestation d'Isis, depuis l'équinoxe de printemps jusqu'au solstice d'hiver. Champollion a noté que le tableau dont il s'agit est mis en corrélation avec la troisième heure du jour. Or le groupe hiéroglyphique désignant cette heure est un Vautour avec les ailes à moitié soulevées et deux signes phonétiques valant *Nib-s*. Les vautours étaient, chez les Egyptiens, l'emblème par excellence de la maternité; on pensait qu'il n'y avait parmi ces oiseaux que des femelles et qu'elles étaient fécondées par le vent. Nous trouvons donc dans l'idée générale un rapport étroit avec le nom du mois *Pharmouthi* qui commence la période de gestation. Mais, dans les détails, le groupe spécial est beaucoup plus expressif, plus en accord avec la signification que j'attribue à cette distinction de neuf mois concurremment avec la double série de seize personnages (1). En effet, l'attitude du vautour peint cet oiseau au moment où il reçoit le souffle générateur, τὴν φύσιν ἑαυτῆς ἀνοίξασα πρὸς Βορέαν ἄνεμον, ὑπὸ τούτου ὀχεύεται, comme dit énergiquement Horapollon, I, 11. D'un autre côté, les deux caractères phonétiques *nibe-s*, *neph-s* signifient *Afflat eam*, ce qui complète, si je ne me trompe, l'explication. Deux vautours sont en effet représentés, avec le scarabée, au pro-

(1) Au sarcophage de Taho, les seize personnages que j'ai mentionnés précèdent une barque portant neuf dieux. Une bande inférieure contient une autre série de seize personnages, mais sous une représentation différente. Ce n'en est pas moins, si je ne m'abuse, le pendant de celle que je viens de rappeler, et le second terme, le complément du nombre emblématique deux fois seize : c'est toujours une allégorie de la présence et de la participation de la nature entière au grand mystère de perpétuelle et spontanée reproduction.

naos de Dendera, au-dessus de la scène de la réunion d'Osiris et d'Isis, dans la bande médiane.

Maintenant, j'ai à revenir sur l'excédant de dix, dans l'ensemble des séries de jours du plafond du Ramesséum. Comme ce qui particularise, à mon avis, ce tableau, c'est la célébration d'une rénovation cyclique, c'est aussi dans ce fait qu'il me semble rationnel de chercher la cause de cette différence avec le premier tableau. A cet effet, il faut préalablement se rendre compte de la nature et des détails des périodes d'années solaires : c'est ce que je vais essayer de faire dans l'article suivant.

### PÉRIODES D'ANNÉES SOLAIRES.

Ici surtout je me sens marcher d'un pas mal assuré sur un terrain glissant pour moi. Cependant les célèbres travaux de M. Biot sur cette partie sont si clairs, que je crois pouvoir, à leur lumière, présenter quelques remarques qui n'en sont qu'un reflet et que je renfermerai d'ailleurs, avec toute la réserve possible, dans d'étroites limites.

Ainsi que je l'ai dit, l'aspect du tableau du Ramesséum me paraît, de même qu'à plusieurs autres auteurs, proclamer une arrivée du Phénix (1), c'est-à-dire un

(1) Un des caractères les plus manifestes de cette signification, après l'image grandiose du Phénix, c'est la réunion des autres planètes auprès de cette image qui représente elle-même la planète Vénus ; c'est l'expression d'une opinion astrologique ainsi rendue par Ausone, *Eidyll.* 18, v. 15 et suivants :

Donec, consumptô, magnus qui dicitur, anno,
Rursus in antiquum veniant vaga sidera cursum,
Qualia dispositi steterant ab origine mundi.

renouvellement de la période d'années solaires symbolisée par cet oiseau mystérieux. Or, Tacite dit précisément qu'on faisait remonter au pharaon Ramsès un de ces renouvellements ; il doit s'agir du monarque qui a donné son nom au palais dont nous nous occupons, puisque c'était le plus célèbre des rois qui ont porté ce titre, celui qui est généralement connu sous l'appellation de Sésostris empruntée à un prince beaucoup plus ancien et non moins illustre.

Mais il y avait dans l'antiquité même beaucoup d'incertitude sur la durée de l'intervalle des manifestations du Phénix. Tacite dit que, selon les uns, elle était de 1461 ans ; selon d'autres, de 500, ce qui lui paraît le plus vraisemblable, et il admet que celle-ci pouvait se diviser en deux, puisqu'en parlant d'un Phénix apparu sous Tibère, il le rattache à une précédente apparition sous un Ptolémée, le troisième des rois macédoniens de l'Egypte, en ajoutant qu'il n'y avait pas tout à fait 250 ans entre les deux époques. Pline et Censorin assignent à la période 540 ans ; Suidas 654, etc. M. Lepsius pense qu'elle se confondait avec celle de Sôthis, et il partage, du reste, l'opinion de M. Biot sur la conception *à posteriori* de la dernière. Le savant Berlinois fait remarquer qu'au surplus il n'y avait aucune fixité sur les retours des périodes du Phénix, ce qui tenait, à chaque époque présumée, la masse des habitants dans une grande anxiété ; mais les Egyptiens instruits savaient sans doute à quoi s'en tenir.

Pour cela, il fallait qu'il y eût une période principale divisible en périodes secondaires au libre arbitre des prêtres, soit qu'ils voulussent simplement dérouter les investigations du vulgaire pour se réserver l'importance du secret, soit qu'ils jugeassent utile à leurs intérêts ou à ceux de leur nation de marquer de ce sceau certaines circonstances, certains avénements de prince.

Le nombre de dix jours que nous avons vu se rattacher probablement, comme moyen complémentaire de raccordement, à l'énonciation d'un renouvellement de période au plafond du Ramesséum, est trop faible pour s'accommoder à aucune des périodes précitées. La période d'années la plus courte et celle, en même temps, qui, par les mentions fréquentes dont elle est l'objet sur les monuments, paraît l'élément des autres, c'est la triacontaétéride, ou période de trente ans, si savamment et si lucidement expliquée par M. Biot. Mais ici, par contre, notre excédant est trop élevé. Toutefois, sur cette base de la triacontaétéride, l'illustre mathématicien que je viens de citer a édifié, en multipliant par 4, une seconde période de 120 ans qui comporte un complément de 30 jours : ce nombre étant exactement divisible par 10, on peut admettre qu'il se répartissait entre trois années et qu'il s'agit de l'une de ces années sur le monument en question ; de là les dix jours en excès sur le total 360 dans la combinaison des jours indiqués par les deux bandes marginales et l'une des bandes médianes.

Ce n'est là, je le reconnais, qu'une supposition. Recherchons si l'on peut en découvrir quelque indice, soit sur le monument lui-même, soit dans les traditions des auteurs.

A l'endroit où devrait se trouver l'indication du premier mois de l'inondation dans l'ordre civil, on voit, au-dessous de cinq petites colonnes contenant des noms de décans, un large espace dans lequel est tracé ce tableau :

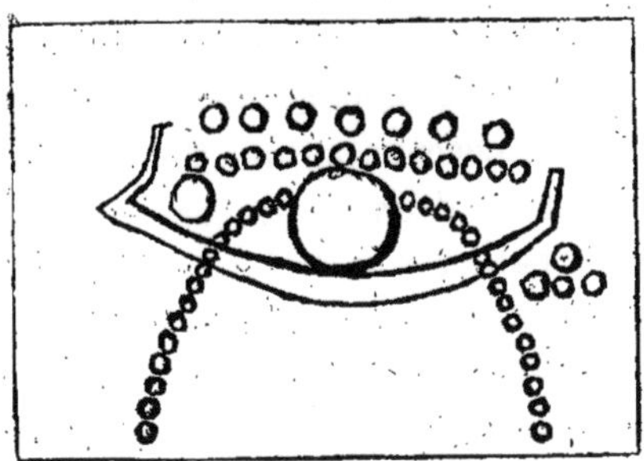

Cette image a une certaine ressemblance avec celle qui, sur le zodiaque de Dendera, forme la partie essentielle des décans *Tpikhou* et *Khou* : ces noms se montrent sous des formes différentes dans une autre colonne; mais, vu le renversement des choses résultant de la fin d'une période, notre image correspond réellement au temps de l'année où se montrent *Tpikhou* et *Khou* sur le zodiaque de Dendera. La différence de forme tient à ce que, comme il s'agit d'un renouvellement cyclique, d'une arrivée du Phénix qui était un symbole d'apocatastase ou de rétablissement des choses dans leur premier état, on a voulu, au point où j'ai dit qu'était figurée, au moment de la création, l'apparition des astres, régulateurs du temps, exprimer la constitution de cette régularisation. La barque est un symbole de course sidérale. Les deux globes les plus gros, et dont l'un l'est notablement plus que l'autre, représentent le soleil et la lune. Au soleil se rattachent, en remplacement des rayons descendants de l'image ordinaire de *Khou*, deux séries courbes de très-petits globes, quinze de chaque côté, en tout trente. Ce nombre indique celui des jours du mois solaire, et l'émanation procédant effectivement du plus gros globe s'accorde avec cette appréciation. Le mois solaire était divisé en deux quinzaines dont les séparations étaient célébrées chacune par une fête ; de là, le partage aussi des globes en deux séries égales. Au-dessous de la proue de la barque à la droite du spectateur, à côté de l'une des séries de quinze globes, en sont quatre un peu plus gros, disposés trois sur une ligne horizontale et l'autre au-dessus. Cette combinaison me paraît indiquer que les trente globes doivent être multipliés par 4, puis par 3, ce qui donne 120, nombre des jours d'une saison, puis 360, nombre des jours de l'année solaire. C'est donc la constitution de l'année solaire.

Au-dessus de la barque sont deux rangées de globes superposées horizontalement, l'une, la supérieure, de sept, l'autre de treize. Ces rangées paraissent en rapport avec le globe lunaire au-dessus duquel elles commencent, et les nombres sont en effet essentiellement lunaires (1); ils sont en rapport avec les deux groupes de sept figures assises entre lesquels est l'œil mystique, dans un cercle, au pronaos de Dendera. Ici, où le mois lunaire est, ainsi que je l'ai déjà dit, estimé à 28 jours, ces groupes et le total 14 indiquent clairement le partage de ce mois; en effet, chaque phase lunaire, et surtout la néoménie et la pleine lune, étant des occasions de fêtes, le mois lunaire devait, comme le mois solaire, être divisé, et divisé, non-seulement en deux moitiés, pour la néoménie et la pleine lune, mais en deux sections intermédiaires pour les quadratures. Mais au Ramesséum, où je suppose le mois de 27 jours,

(1) Les Egyptiens comptaient le nombre des planètes non par sept, mais par cinq ; le soleil et la lune étaient en dehors.

ce nombre ne pouvait se couper en moitiés entières; il fallait prendre 13 ou 14; le dernier nombre aurait fait supposer pour le mois entier 28 jours, ce qui eût excédé la réalité; on choisit donc le quotient en deçà de la fraction, 13. Le caractère lunaire de ce nombre est curieusement indiqué par M. Al. de Humboldt, dans ses *Vues des Cordillères*, etc., t. I, p. 355, à l'occasion d'un calendrier mexicain, en ces termes : « Nous avons parlé jusqu'ici du calendrier civil appelé le *Compte du soleil :* il nous reste à examiner le calendrier rituel, désigné par les noms de *Compte de la lune* et de *Compte des fêtes*. Ce dernier calendrier, le seul qui fût employé par les prêtres et dont nous trouvons des traces dans presque toutes les peintures hiéroglyphiques conservées jusqu'à nos jours, présente une série uniforme de petites périodes de treize jours. Ces petites périodes peuvent être considérées comme des *demi-lunaisons*, etc. » Mais 13 lui-même ne pouvait se subdiviser en moitiés entières pour faire les quarts : ces quarts, pour le total de 27 jours, étaient de 6 3/4; pour avoir des nombres ronds, les seuls qui convinssent en pareil cas, on ne pouvait convertir les quatre fractions en autant d'entiers, puisqu'ici aussi l'on aurait eu en somme 28 jours, c'est-à-dire un jour de trop Les quatre fractions réunies composaient trois jours; en répartissant ceux-ci entre les subdivisions, on ne pouvait les appliquer qu'à trois : on avait donc trois subdivisions de sept jours chacune et l'autre de six seulement. La formule du monument me semble exprimer cette composition du mois lunaire d'une manière suffisamment claire, surtout pour les initiés; car il paraît qu'on a tenu à la laisser cachée aux profanes, puisque les Grecs n'en ont point eu connaissance.

L'image entière révèle donc, si je ne me trompe, l'existence d'une année lunaire telle que je l'ai déjà supposée (1) à côté d'une année solaire : mais elle n'éclaircit point le problème de la période d'années. Toutefois il faut remarquer les éléments $30 \times 4 = 120 \times 3 = 360$, éléments qui donnent les deux premiers degrés indiqués par M. Biot, 30 et 120.

Il y avait une période d'années qui portait elle-même le nom d'*année*; c'était une *année d'années*, et il est très-vraisemblable qu'elle était établie sur le patron de l'année de jours, c'est-à-dire sur ces divisions : 30, 120, 360. Ces éléments sont souvent indiqués comme fondamentaux.

Ainsi, au ch. CXI, col. 2 du *Rituel funéraire*, on trouve ce passage : « ..... Demeure divine ..... sont coudées ([hiéroglyphe] *Djas*) XXX dans sa longueur; coudées XXX (*djas*) III dans sa largeur; sont coudées IIII dans sa hauteur. » Le groupe hiéroglyphique que je rends par *Djas* signifie souvent *c'est-à-dire* : mais, transcrit *Djes*, *djas*, il pouvait encore, ainsi que je l'ai dit à la page 122, signifier *demie, moitié*. Dans le passage du Rituel dont il s'agit en ce moment, en se tenant d'abord au premier membre de phrase où ce groupe est employé, on pourrait, en appliquant le premier sens, traduire : ..... *c'est-à-dire* XXX, en sorte que la figure hiéroglyphique qui précède immédiatement équivaudrait à un chiffre valant 30. Mais, dans

(1) C'est probablement l'inconvénient de ne pouvoir obtenir des subdivisions entières qui a fait plus tard préférer le mois lunaire périodique de 28 jours.

le membre de phrase suivant, on ne pourrait admettre cette version, qui serait absurde : 30, *c'est-à-dire* 3. Le groupe en question ne peut donc ici signifier *c'est-à-dire*. On ne peut non plus appliquer le sens *demie*, car 3 n'est pas la moitié de 30. Quoi qu'il en soit en cet instant, le rapport du premier membre de phrase au second démontre que la figure hiéroglyphique qui précède immédiatement le premier *Djas*, a une valeur numérale et que la formule dont il fait partie est analogue à la seconde 30 (*djas*) 3. Cette valeur me paraît être 4, mais 4 constituant un ensemble, un système. La partie qui forme la base de la figure est le profil d'une extrémité de coudée. D'après le rapport de cette partie à la longueur de l'instrument, en prenant pour type, avec M. Saigey, *Métrol.*, p. 15 et 17, la palette de peintre en basalte vert de notre musée du Louvre, elle forme le septième, c'est-à-dire un *palme ;* les quatre tiges implantées sur cette base corroborent cette opinion, car elles représentent les quatre doigts composant le palme. De là vient que le groupe ou la figure seule ont souvent la valeur phonétique Schop, qui, au propre, signifie *quatre doigts* ou *palme*, Schôp, *quaterne*.

La valeur numérale, dans le passage précité du Rituel, doit donc être 4. Ici encore il est impossible de dire : 4 *moitié* 30, ou 4 *divisé par moitié* = 30.

A côté de Djas, *dire* (d'où *c'est-à-dire*), et de Djes, djos, *demie*, le copte a Djas, djice, etc., *élever*, *augmenter :* je crois que c'est dans le dernier sens, celui de *multiplication*, qu'il faut ici prendre le groupe ; nous aurons ainsi, pour les deux premières formules : $4 \times 30$, $30 \times 3$. Nous retrouvons donc, d'une part, la base 30, plus les deux facteurs 4 et 3. Je suis fort porté à croire qu'il y avait là une allusion mystérieuse à la composition de l'année solaire. C'était un usage religieux de prendre la constitution de l'année pour type de constructions architecturales ou d'organisation sociale. Ainsi, sous le dernier rapport, on raconte que Cécrops, qui était réputé Egyptien, lorsqu'il organisa les Athéniens en société politique, les partagea en quatre tribus, chaque tribu en trois dèmes, chaque dème en trente parties, et Suidas déclare que cette division était relative aux quatre saisons, aux douze mois et aux trente jours de chaque mois.

Cette constitution s'appliquait vraisemblablement, comme je l'ai dit, et à l'année de jours et à l'année d'années. Or, comme l'année de jours avait, en sus du nombre rond 360, cinq épagomènes, de même l'année d'années devait comprendre 360 + 5 années. Et, comme cette addition laissait encore, à la fin de chaque année de jours, un déficit fractionnaire, dont l'accumulation, au bout de 120 ans, formait trente jours, il est probable que la grande période, dite *Période du Phénix* ou *Sothiaque*, avait pour objet d'éteindre aussi complétement que possible, selon les vues des prêtres, ce déficit : c'est ce que Strabon a sans doute voulu indiquer dans les termes suivants : « On » nomme particulièrement astronomes et philoso- » phes ceux qui ont la notion sacrée de ces choses : » d'eux aussi vient l'usage de compter les jours non » selon la lune, mais selon le soleil, en ajoutant, pour » chaque année, cinq jours aux douze mois de trente » jours ; mais, pour compléter l'année entière, vu qu'il » reste encore une certaine partie de jour, ils compo- » sent une certaine période de jours entiers et d'années

» entières telle, que les parties excédantes réunies for- » ment un jour. » Bien que l'on ait persisté à voir là l'indication d'un jour ajouté à une période quadriennale, les motifs présentés par M. Biot, pour écarter cette explication, me paraissent péremptoires : les termes ἐξ ὅλων ἡμερῶν s'y opposent absolument. La solution n'est, à mon avis, possible qu'à l'une de ces conditions, soit de mettre, à la fin du passage, une année au lieu d'un jour; soit, en maintenant un jour, d'y voir, non un jour ordinaire, mais un jour de la période dont il s'agit, c'est-à-dire une année, car la période doit être une année d'années (1). Or, l'assertion ayant été exactement répétée par Théodore de Gaza, il ne me paraît pas possible d'en changer l'expression. C'est donc la seconde condition qu'il faut adopter. Il est probable qu'elle a été avec intention énoncée sous une forme ambiguë, voilée par les prêtres; car la notion dont il s'agit est une de celles au secret desquelles ils étaient le plus attachés; eux qui faisaient jurer solennellement à leurs rois, lors du couronnement, de ne modifier en rien la constitution de l'année, de n'y introduire aucune intercalation, ils auraient craint que la divulgation de ce procédé ne l'emportât, à raison de sa commodité, sur l'année religieuse. Voici donc comme je comprends la formation de cette période, taillée sur le patron de l'année ordinaire :

(1) On lit dans les livres indous : Qu'une année de Brahma est composée de plusieurs années des nôtres et qu'un jour des Dieux est une année des hommes. » Asiat. *Research.*, t. II, p. III et suiv. Ainsi Volney, *Rech. nouv. sur l'hist. anc.*, p. 247, émet l'ingénieuse conjecture que le jour indiqué par une fameuse épitaphe comme ayant suffi à Sardanapale pour bâtir ou restaurer les deux villes de Tarse et d'Anchialé était peut-être un jour des dieux (un an).

| ANNÉE SIMPLE, VAGUE, FORMÉE DE JOURS ORDINAIRES. | ANNÉE COMPOSÉE, OU PÉRIODE D'ANNÉES ET DE JOURS ADDITIONNELS. | |
|---|---|---|
| JOURS. | ANNÉES ORDINAIRES. | JOURS ADDITIONNELS. |
| 30, triacontheméré ou mois. | 30, triacontétéride. | |
| × 4 | × 4 | |
| = 120, tétraménie ou saison. | = 120 quat. de triac. | 30 |
| × 3 | × 3 | × 3 |
| = 360 | = 360 | = 90 |
| + 5 épagomènes. | + 5 épagomènes. | |
| = 365, année ordinaire, vague. | = 365, grande année. | |
| *Pour mémoire seulement :* | × 4 | × 4 |
| × 4 | = 1460 | = 360 |
| = 1460 | | + 5 épagomènes. |
| + 1 *qui serait résulté des 4 quarts.* | | = 365 = 1 an ordinaire = 1 jour de grande année. |
| = 1461 (*Période quadriennale supposée*). | 1.461 ans. | |

On voit que cette combinaison, fondée sur la période solaire de 1440 ans, usitée chez d'autres peuples, permettait de répartir de diverses manières, suivant qu'on le jugeait à propos, les époques de raccordement ou les apparitions du Phénix : par conséquent, il est possible que le tableau du Ramesséum se rapporte à la fin d'une période partielle de 120 ans entraînant une addition de 30 jours.

Dans ce cas, ai-je dit, ces 30 jours ont pu être répartis en trois années. Je crois qu'on trouve sur le monument des indications de cette mesure.

Ainsi, d'abord, le nom de décan Heroua, *en voyage*, est exceptionnellement suivi d'un hiéroglyphe signifiant *grand*, le personnage humain marchant droit à l'aide d'un bâton. Cela me paraît signifier qu'il s'agit, non, comme dans les cas ordinaires et particulièrement sur le zodiaque de Dendera, du voyage d'Isis-lune dans une année de jours, mais du grand voyage d'Isis-Sôthis dans une période d'années.

Une colonne voisine contient un groupe hiéroglyphique que M. Lepsius a reproduit, comme un nom de décan, au N° 11 de son tableau comparatif, *Einleit.*, p. 68. Ce groupe est plus exceptionnel encore que le précédent : on ne le trouve que sur ce monument. Il me paraît se rattacher exclusivement à la destination spéciale du tableau et indiquer précisément les trois années dont j'ai parlé : en effet, en conciliant la copie de Champollion, telle que M. Biot l'a publiée, avec celle de M. Lepsius, je crois qu'on peut le rendre ainsi : « *Formation* ou *Partie des années d'égalisation* ou *de régularisation de Nophré, d'Isis et de Nephthys.* » J'attribue, dans cette traduction, à *Souten* ou *Soutôn* un sens qui me paraît d'autant plus vraisemblable que l'analogue se montre dans le copte Metsouton, *instrumentum directionis*, *quadrans*, *armilla astrologi*. Il est remarquable qu'une exacte correspondance existe entre ce thème fournissant des substantifs qui signifient *règle, rectitude, roi*, et le verbe latin *regere* d'où découlent les noms *Regula, rectitudo*, *rex*. Je crois donc que sous les vocables des divinités précitées étaient énoncées les trois années entre lesquelles se répartissaient, dix par dix, les trente jours additionnels d'une période de 120 ans, telle que celle que je suppose indiquée par le tableau.

Enfin, dans la série saisonnière des mois, sous la rubrique du premier mois de la fructification, est un espace divisé en dix tronçons de colonnes, cinq en haut et autant en bas, contenant des groupes hiéroglyphiques spéciaux : il me semble possible que ce soit, pour cette série de mois, l'équivalent des dix jours en excès dans l'ensemble des séries de jours, lesquels indiquent, de leur côté, le complément dans l'année religieuse.

Maintenant, en revenant à la vignette que j'ai présentée comme une image symbolique de la constitution de l'année solaire et de l'année lunaire, et en considérant que les indications de cette nature avaient souvent une signification complexe et presque toujours quelque chose d'énigmatique, on peut soupçonner qu'après l'obtention du produit 360 par la multiplication de 30 par 4 et 3, on reprenait le nombre 4 pour une nouvelle multiplication qui donnait 1440, la période dénuée d'années épagomènes dont j'ai déjà parlé, et que les 20 globes, rangés en deux lignes au-dessus de la barque, indiquaient, outre la formation du mois lunaire, les quatre groupes de cinq années à ajouter aux quatre périodes de 360 ans, d'où le total définitif 1460. Il était, ainsi que je l'ai déjà dit bien des fois, dans le génie des prêtres égyptiens, de combiner sous une seule formule l'expression de diverses notions : ces énonciations, obscures à dessein pour le vulgaire, devaient être facilement comprises par les initiés et leur rappeler clairement les faits.

De même, en ce qui concerne le passage du chapitre CXI du *Rituel funéraire*, en remarquant qu'il s'y agit d'une demeure *divine*, et que la période sothiaque était appelée *année divine*, on peut conjecturer que la construction dont il est question fait allusion à cette année divine ; alors on peut expliquer cette partie de la phrase : $30 \times 3$, ... 4, car on y voit les éléments de l'opération que j'ai indiquée dans le tableau de la p. 200, pour trouver l'année de jours additionnels, ou le jour de l'année d'années, à combiner, selon Strabon, avec cette année d'années, soit : $30 \times 3 \times 4 = 360$. En outre, on peut admettre :

1° Que la seconde formule $30 \times 3$, indépendamment de sa valeur propre, rattache le facteur 3 au facteur 30 de la formule précédente $4 \times 30$ ;

2° Que le dernier chiffre 4, nombre des coudées de hauteur, amené, par un membre de phrase spécial, à la suite des deux autres membres de phrases caractérisés chacun par *multiplié par*, est lui-même un multiplicateur commun aux produits de ces deux membres de phrase.

En sorte que l'on a :

$$\begin{array}{ll} \text{Ans,} & 4 \times 30 \\ \text{Jours,} & 30 \end{array} \Bigg\} \times 3 = \left\{ \begin{array}{c} 360 \\ 90 \end{array} \right\} \times 4 = \left\{ \begin{array}{c} 1440 \\ 360 \end{array} \right\} = 1441 \text{ ans.}$$

et, avec les épagomènes, qui étaient sous-entendus dans une année d'années comme dans une année de jours, 1461 ans; ou, en termes différents, un système absolument équivalent à celui de mon tableau. Je suis porté à croire que c'est pour mieux faire ressortir le rapport du multiplicateur 3 aux deux termes 30 qu'on a mis dans le premier membre de phrase $4 \times 30$ plutôt que $30 \times 4$.

## CONCLUSION.

En me retraçant à l'esprit l'ensemble des vues exposées dans cette deuxième partie de mon mémoire, je ne nierai pas qu'elles ne soient presque exclusivement spéculatives, et cette remarque s'applique surtout à celles que je viens de présenter en dernier lieu : je reconnais ce qui leur manque sous le rapport de la démonstration. Je ne les livre que comme des aperçus ; mais, à ce titre même, elles m'ont paru réunir assez de vraisemblance pour mériter l'examen des savants versés dans l'étude des monuments de l'Egypte ; ces juges compétents décideront de leur valeur réelle.

J'avoue que ce qui concerne l'année lunaire en particulier, même à l'état où je l'ai laissé, m'inspire une confiante espérance; c'est, de cette deuxième partie, le point auquel j'attache le plus d'importance.

Ainsi que je l'ai annoncé, plusieurs des détails qui se groupent autour des propositions essentielles de cette deuxième partie, confirment quelques-unes des observations de la première. Je signale surtout à cet égard le rôle du nombre deux fois seize attaché à des emblèmes représentant le monde entier. On se rappelle sans doute que j'ai vu dans l'ensemble de cette image le symbole de l'idée fondamentale de perpétuelle et spontanée régénération de la nature.

Mais, comme j'ai eu souvent occasion de le faire remarquer, plusieurs allégories étaient souvent cachées sous une seule enveloppe ; on peut s'en convaincre, s'il en est besoin, par la lecture du Traité de Plutarque sur Isis et Osiris. L'image dont je viens de parler en offre, dans quelques-unes de ses variantes, un nouvel exemple. Ces variantes sont celles où les divisions cardinales sont exprimées, soit en totalité, soit en partie, par des personnages humains à caractères iconographiques différents. L'idée d'ensemble est bien, ainsi que je viens de le répéter, celle de l'expression des parties du monde. Mais, en outre, une idée spéciale s'attache à chaque groupe en particulier. Ainsi, Champollion, dans sa *Notice sur le Musée Charles X*, p. 148, mentionne dans un manuscrit hiéroglyphique : « Quatre *hommes noirs* (des impurs ou des profanes) dans un bassin rempli d'un *feu liquide*, comme l'indiquent les légendes environnantes. » Ce tableau rappelle manifestement notre groupe de quatre nègres, etc.; il indique donc, pour ce groupe, indépendamment de la participation à la donnée générale, une signification partielle, spéciale. Cette signification est double, comme l'indique précisément la qualification d'impurs ou de profanes de Champollion ; elle s'applique aux hommes dans l'enfer ou sur la terre, aux purifications de l'âme dans le premier cas, ou, dans le second, aux épreuves de l'initiation. On connaît en effet l'assimilation que la religion égyptienne établissait entre la marche des phénomènes cosmiques d'une part, et, d'une autre part, les péripéties de l'âme après la mort, ainsi que les phases de l'initiation pendant la vie. Ainsi nos personnages noirs indiquaient, sous le premier rapport et dans l'acception la plus générale, l'époque de l'année ou d'une période d'années, où la nature étant arrivée au point le plus avancé de dégradation, de mortification, en quelque sorte, était près de renaître en franchissant le solstice d'hiver ; sous le second rapport, la scène du Rituel funéraire, où, dans l'Amenthi, quatre génies cynocéphales effacent dans un bassin de feu liquide la souillure des iniquités qui auraient pu échapper aux âmes des justes et en complètent la purification, après quoi les âmes, conformément à un vœu souvent exprimé sur les papyrus, jouissent de la contemplation du disque de la lumière dans toute sa splendeur, et se joignent à la marche de l'astre lumineux dans les espaces du ciel supérieur (1), ce qui est indiqué, sur le zodiaque circulaire de Dendera, sous l'emblème du décan *Khou*, immédiatement après l'espace de l'occident au septentrion; sous le troisième rapport, l'épreuve parallèle de l'initiation ainsi décrite par Apulée : « *Accessi confinium mortis et, calcato Proserpinæ limine, per omnia vectus elementa, remeavi : nocte media, vidi solem candido coruscantem lumine ; deos inferos et deos superos accessi coram, et adoravi de proximo.* » De part et d'autre, il s'agit d'une mort suivie d'une renaissance, c'est-à-dire du grand principe de la résurrection et de l'immortalité, comme récompense d'une vie bienfaisante et pure sur la terre; le sens théologique me paraît être : « Les ténèbres de votre âme fussent-elles épaisses comme

(1) *Voy.* Champ. *Notice* précitée, p. 146, et M. de Rougé, *Notice des monum. égypt. du Louvre*, 1855, p. 84.

celles de la nature au temps du plus grand abaissement du soleil, vos péchés fussent-ils noirs comme la peau des Ethiopiens, si, à l'exemple de votre type Osiris qui a été décapité, démembré, vous mourez aux passions du monde, vous deviendrez blancs, purs et immortels comme l'astre du jour. » Cette interprétation, chrétienne pour le fond, ne paraîtra point, j'espère, hasardée, si l'on se pénètre de cette réflexion de M. l'abbé Vandrival au sujet des idées et des croyances des anciens Egyptiens : « idées et croyances profondes et vénérables, au jugement d'un des plus savants Pères de l'Eglise, Clément d'Alexandrie (*Stromates, passim*) (1). »

Je ne laisse pas de craindre, en terminant, que ma trop grande inexpérience dans la connaissance des hiéroglyphes ne m'ait entraîné dans d'inexactes appréciations ; je pourrais, n'ignorant pas ma faiblesse, être accusé, sous ce rapport, de témérité : cependant il était inévitable, quelle que fût mon hésitation, que j'eusse, à l'occasion, recours à des explications de cette nature. Il m'a paru que ces appréciations pourraient, s'il y a lieu, être rectifiées par les maîtres sans détruire le fond de mon travail, et ce fond, qu'on me permette de l'avouer, m'a semblé assez important pour obtenir l'indulgence touchant des erreurs de détail sur lesquelles d'avance je passe condamnation. J'ajouterai seulement que je n'ai reculé devant aucune recherche pour éviter les écueils ; mais le champ des études hiéroglyphiques est aujourd'hui si vaste et si profond qu'il exige des travaux exclusifs auxquels je n'ai pu me livrer.

(1) *Etudes sur le grand monument funéraire égyptien du musée de Boulogne;* — Boulogne-sur-mer, 1851.

Les rapprochements que j'ai établis entre la mythologie grecque et la mythologie égyptienne, rapprochements que j'aurais pu multiplier si je n'eusse compté sur la sagacité éclairée des lecteurs pour suppléer à ma réserve, confirment l'assertion émise, ainsi que le prouve la double épigraphe que j'ai choisie, aux deux limites extrêmes de l'histoire, savoir que la Grèce avait emprunté à l'Egypte presque tous les noms sur lesquels ses fables sont construites. Si quelques énonciations, prises à part, peuvent paraître douteuses, ces ombres légères s'effacent dans l'éclatante lumière de l'ensemble. Au surplus, si, à l'appui de mon procédé, il est nécessaire que j'invoque quelque modèle, il me suffira de citer le grave Zoëga qui, dans son célèbre ouvrage sur les obélisques, ne s'est pas fait faute d'interprétations analogues, dérivant, par exemple, de l'égyptien Djois, *seigneur*, le grec *Zeus, dios*, et le latin *Jovis*. Mes assimilations ne vont point jusque-là : dans leurs limites, je crois qu'on peut en déduire cette définitive conclusion, extraite de l'*Histoire des origines de la Grèce ancienne*, par M. Thirlwall, traduction de M. Joanne, page 53 : « Selon Hérodote, les Grecs avaient emprunté à l'Égypte la majeure partie de leurs notions et pratiques religieuses, les objets et les formes de leur culte. Or, parmi les Grecs, de même que chez la plupart des autres nations, la religion engendra les arts, la poésie et peut-être la philosophie. On conçoit dès lors combien d'intéressants problèmes dépendent de cette question. »

FIN.

OUVRAGES DU MÊME AUTEUR

ET CHEZ LE MÊME LIBRAIRE.

---

**Étude démonstrative de la langue phénicienne et de la langue libyque.** In-4° de 236 pages avec 33 planches. 1847.

**Nouvelle analyse de l'inscription phénicienne de Marseille.** In-4° de 35 pages. 1857.

**Nouvelles études sur une série d'inscriptions numidico-puniques** dont plusieurs sont inédites. 1857.

(1118) Saint-Cloud. — Imprimerie de Mme Ve Belin.

www.ingramcontent.com/pod-product-compliance
Ingram Content Group UK Ltd.
Pitfield, Milton Keynes, MK11 3LW, UK
UKHW021128220726
13924UKWH00004B/1958